CONTÁGIO VIRAL, CONTÁGIO ECONÔMICO E RISCOS POLÍTICOS NA AMÉRICA LATINA

CONTRACORRENTE

PIERRE SALAMA

CONTÁGIO VIRAL, CONTÁGIO ECONÔMICO E RISCOS POLÍTICOS NA AMÉRICA LATINA

Tradução

Lício da Costa Raimundo

São Paulo

2021

CONTRACORRENTE

Alameda Itu, 852 | 1º andar |
CEP 01421 002
www.loja-editoracontracorrente.com.br
contato@editoracontracorrente.com.br

Editores
Camila Almeida Janela Valim
Gustavo Marinho de Carvalho
Rafael Valim

Equipe editorial
Coordenação de projeto: Juliana Daglio
Revisão: Graziela Reis
Revisão técnica: Lisliane Pereira
Diagramação: Fernando Dias
Capa: Maikon Nery

Equipe de apoio
Fabiana Celli
Carla Vasconcelos
Fernando Pereira
Lais do Vale

Dados Internacionais de Catalogação na Publicação (CIP)
(Câmara Brasileira do Livro, SP, Brasil)

Salama, Pierre
Contágio viral, contágio econômico, riscos políticos na América Latina / Pierre Salama. -- 1. ed. -- São Paulo : Editora Contracorrente, 2021.

ISBN 978-65-88470-56-5

1. America Latina - Civilização 2. COVID-19 - Pandemia 3. Economia 4. Política - Aspectos sociais I. Título.

21-65595 CDD-330

Índices para catálogo sistemático:

1. Economia 330

Aline Graziele Benitez - Bibliotecária - CRB-1/3129

SUMÁRIO

INTRODUÇÃO GERAL

> *"Um mal que espalha terror, Mal que o Céu em sua fúria inventou para punir os crimes da terra... Nem todos morreram, mas todos foram golpeados (...). Dependendo se você é poderoso ou miserável, as decisões do tribunal o tornarão branco ou negro".*
>
> *Jean de la Fontaine: Les animaux malades de la peste*

A pandemia está em curso na América Latina, mas talvez ela já tenha acabado quando você ler estas linhas, espero. No momento de escrever este livro, entre março e junho de 2020, ela ainda parecia distante, e seu pico ainda não parecia ter sido alcançado no Peru, México e Brasil, já fortemente impactados. Você pode se perguntar por que não esperar para escrever este livro, e alguns de meus amigos me fizeram essa pergunta. É um pouco perigoso embarcar nesta análise quando a história ainda não foi escrita. É sempre mais fácil contar quando você a conhece. No que me diz respeito, sou daqueles que não pensam que a História segue um caminho inevitável, sempre há bifurcações possíveis de ordem econômica e ou política e, por isso, prefiro me antecipar, sob pena de errar, em vez de me situar depois. Parafraseando Marx: "Os homens fazem livremente a sua História, mas sob condições que não são livremente decididas por eles". Em outras palavras, existe uma margem entre idealismo e determinismo. A História que está sendo feita é fruto deste idealismo dos Homens, da sua vontade e do determinismo das leis econômicas. Nenhum desses pode ser ignorado, a menos que mergulhemos no idealismo puro ou no determinismo vulgar. É esta margem que me interessa e que é fascinante e, acima de tudo, que pode ser útil para quem pensa que a partir de uma análise aprofundada podemos tanto atuar sobre o curso dos acontecimentos, quanto nos preparar para enfrentar uma repetição da pandemia ou o aparecimento de um novo vírus.

Por que esse assunto, por que a pandemia? Porque nenhum economista, nenhum sociólogo previu que isso pudesse ter esse efeito na economia, na sociedade. Certamente virologistas, epidemiologistas e algumas figuras raras haviam apontado o risco, mas mais uma vez ninguém, incluindo eu, pensava que uma pandemia pudesse prejudicar tanto a economia mundial.

A pandemia atuou como um indicador das fraquezas de um sistema. Todas as fraquezas e novas dependências foram pontilhadas com a hiperglobalização. Não foi a globalização que produziu a pandemia, embora tenha contribuído para ela com o sofrimento causado à Natureza e o surgimento de novos vírus. As pandemias já existiam antes da globalização. Mas esta última tem sido um veículo muito importante para a propagação do vírus e seu contágio. Com a pandemia e sua propagação em nível global, vieram à tona as fraquezas e vulnerabilidades intrínsecas à hiperglobalização. As consequências do contágio em termos de soberania sobre certas produções essenciais, como a produção de medicamentos, assim como da indústria automobilística, que se tornou impossível, não por falta de procura suficiente, mas da impossibilidade de concretização da produção, surgiram como óbvias. O que as mobilizações por uma outra globalização contra a globalização selvagem não conseguiram, a pandemia conseguiu. Certamente, desde a crise financeira de 2008-2009, a eleição de Trump para a presidência dos Estados Unidos e o medo de ver a ascensão da China, os freios ao desenvolvimento da hiperglobalização estavam sendo colocados em prática. A fragmentação dos territórios dentro das Nações, entre quem perde e quem ganha, com desindustrializações mais ou menos pronunciadas aqui e ali, a precariedade e as novas formas de organização do trabalho, o desemprego em alguns países, o medo de um futuro mais ou menos apavorante, as medidas protecionistas legitimadas, favoreceram relocalizações ainda tímidas e permitiram que a hiperglobalização voltasse a ser uma globalização do comércio, desacelerando a ascensão da China, especialmente na área de novas tecnologias. Reveladora das fragilidades do sistema mas também de suas consequências socioeconômicas, assim como dos perigos para a democracia nos Estados Unidos e em alguns países europeus, a pandemia transparece a extrema fragilidade das economias latino-americanas e da solidez do seu sistema político.

O vírus SARS-CoV-2 agiu sobre um "corpo já doente" na América Latina. Ele já estava doente? A resposta infelizmente é positiva. Desde o final dos anos 1980, a famosa "década perdida" para a América Latina, a taxa de crescimento do PIB *per capita* em média tem sido mais do que modesta, na maioria das vezes inferior a 1%. Em contraste com muitas economias asiáticas, que experimentaram seu "milagre" econômico com a ajuda de um estado desenvolvimentista nos últimos quarenta anos, uma tendência de estagnação econômica se enraizou na América Latina, em contraste com o *boom* observado nessa região no período que foi do pós-guerra até os anos 1970. Pode-se pensar que o baixo crescimento seria uma forma de decrescimento benéfica ao meio ambiente, mas pensar assim seria esquecer que com um crescimento de 1% seriam necessários cerca de setenta anos para que a renda *per capta* duplique e que, mesmo com um crescimento tão moderado, os danos à Natureza e aos Homens poderiam ser mesmo assim consideráveis. Em outras palavras, com tal taxa, a mobilidade social torna-se quase impossível. Um indivíduo que nasceu pobre só pode ser arrancado dessa condição caso se torne um excelente jogador de futebol, um ótimo cantor, um político que não hesita em flertar com a corrupção, um membro da máfia, mas ainda seria necessário ser bom o suficiente para não ser atingido pelas balas dos adversários ou da polícia, pois a esperança de vida nesses ramos de negócio é geralmente curta. Certamente, existem outras possibilidades para um país sair da pobreza: um esforço substancial em educação e saúde, cujos efeitos positivos serão sentidos a longo, curto e médio prazo, as de redistribuir a riqueza e/ou obter uma taxa de crescimento elevada e sustentável. Essa última opção não se mostrou possível: causas estruturais impediram o crescimento. Resta a redistribuição da renda em favor dos pobres e em detrimento não tanto dos ricos, mas de uma fração das classes médias.

Isso foi feito nos primeiros dez anos da década de 2000 por alguns governos progressistas. Essa política, entretanto, encontrou obstáculos políticos e depois da onda de esquerda veio uma onda de direita em muitos países. Pouco antes do surgimento do vírus, surgiram grandes movimentos sociais, sugerindo um retorno ao progressismo em vários países latino-americanos.

Qual a razão desse crescimento fraco? As razões são várias e estão ligadas à história que designamos como as oito pragas da América Latina[1] e das quais é tão difícil se livrar: as desigualdades de renda e de riqueza entre as mais importantes do mundo, um grau de informalidade de trabalho extremamente considerável, uma restrição externa particularmente elevada em alguns países, que causa irregularidades de crescimento do tipo *stop-and-go*, uma abertura muito maior aos movimentos de capitais do que ao comércio de bens, a chamada desindustrialização precoce associada à reprimarização das exportações, um nível considerável de violência. Cada uma dessas pragas tem sua própria responsabilidade específica, que varia de país para país. O resultado é que o vírus atua sobre um corpo doente, incapaz de reagir com força, produzindo uma impressionante procissão de mortos.

Uma impressionante procissão de mortos? Certamente, mas devemos ir além. A chamada pandemia do Covid-19 afeta toda a população em grupos e locais onde ela surge e se espalha. Primeiro, existem os *clusters*. Algumas regiões são poupadas, outras nem tanto, sem que fique claro o porquê, a não ser que as medidas preventivas não tenham sido tomadas a tempo (medidas de barreira, uso de máscaras, exames, pesquisas) para paralisar sua disseminação, na maioria das vezes por falta de recursos e erros de avaliação. Dentro desses agrupamentos, opera uma diferenciação social. Todos são certamente afetados, mas as categorias sociais mais pobres, as mais modestas, são as mais afetadas por vários motivos. Os pobres são muito mais pobres. Moram em favelas, mais ou menos consolidadas, onde

---

1 SALAMA, Pierre. *¿Por qué esa incapacidad para alcanzar un crecimiento elevado y regular en América Latina?*. Foro Internacional, vol. XLVI, n. 4, 2006, pp. 630-662.

a densidade populacional é muito alta. A superlotação torna quase impossível praticar "políticas de barreira". O acesso à água às vezes é difícil e a lavagem frequente das mãos para eliminar o vírus torna-se difícil. Os pobres muitas vezes têm pouco ou nenhum acesso a hospitais públicos, ou o têm tarde demais, e nenhum acesso a hospitais privados melhor abastecidos com ventiladores. E, quando possível, os gastos com saúde, pública e privada, em média bem menores que os observados nos países avançados, geram baixa eficiência na contenção do vírus, principalmente nos hospitais públicos. Por fim, para as categorias pobres e modestas, a escolha costuma ser entre permanecer confinado e não ter mais renda enquanto correm o risco de pegar o vírus, ou continuar trabalhando no setor informal, com pouca renda e alta probabilidade de se contaminarem. A pandemia causa queda na produção, aumento do desemprego, aumento das desigualdades de renda, aumento da pobreza.

As perspectivas de uma recuperação permanecem obscuras, especialmente porque a capacidade de ser realizada com força é fraca devido ao adoecimento do corpo. Alguns governos estão tentando o impossível para amenizar as consequências sociais da pandemia; outros, de forma mais ou menos coerente ou pior, incoerente, subestimam a pandemia e fazem cinicamente campanha pela abertura de empresas, pela retomada dos trabalhos antes mesmo até que a pandemia alcance seu pico e que as precauções mínimas poderiam ser adotadas (usando uma máscara, distanciamento social). Essa crise não é neutra. Não haverá recuperação quando o vírus desaparecer, como se nada tivesse acontecido, como se pudéssemos apagar aqueles momentos dolorosos. A memória coletiva está contaminada com esse sofrimento: empregos e rendas caíram com o fechamento de muitos negócios considerados não essenciais, as dívidas públicas aumentaram para além do que se considerava razoável até ontem.

Será difícil refazer o mundo de amanhã da forma como ele era ontem. No entanto, é possível, e muitos empresários o reivindicam. Mas, como disse Marx no *18 Brumário* ao criticar Hegel, quando a história se repete, ela o faz "a primeira vez como uma grande tragédia, a segunda vez como uma farsa sórdida".

A busca pela reconstituição da soberania perdida provavelmente estará mais presente em alguns setores ditos estratégicos, como o de saúde, menos em outros, como o automotivo. Não será nem autarquia nem livre comércio, mas mais um "protecionismo" de cunho protetor. Este pode se materializar em uma soberania regional em vez de nacional quanto a certos setores. As fronteiras entre o mercado e o Estado mudarão. A distância entre o público e o privado, entre as mercadorias e os bens comuns, dependerá da evolução da Política após esta tragédia.

O vírus já está se transformando em um vírus político. A história não está escrita, mas as tendências estão operando na clandestinidade. Os delineamentos, o início das revoltas políticas estão emergindo. O surgimento do populismo de extrema direita e até mesmo do "ilberalismo"[2] ameaça. Também para analisar essas possibilidades, faz-se necessário recuar a análise sobre os populismos do século XXI e realizar uma análise aprofundada das igrejas evangélicas com as quais contam muitos governantes eleitos, especialmente porque elas estão crescendo fortemente na América Latina. A comparação com os movimentos europeus de extrema direita quanto à composição social dos seus eleitorados ou dos seus membros, as suas crenças, a sua relação com os outros, com as minorias, com os políticos, com a importância da intervenção do Estado e a corrupção, suas tradições religiosas e culturais reacionárias e até fundamentalistas, é rica em lições. Com todas as nuances que se aplicam, nem todas as igrejas evangélicas são iguais, seus adeptos não são "soldadinhos" obedientes às diretrizes das autoridades religiosas. O fato é que os evangélicos em rápido crescimento podem constituir um "exército das sombras", propício ao advento do populismo de extrema direita ou do governo "iliberal", a menos que uma profunda renovação das propostas progressistas seja desenvolvida levando em conta a história como ela se desenrolou nos últimos trinta anos. Esse é o tema deste livro, escrito no calor do desenrolar da história por quem ama particularmente a América Latina, seu segundo país.

---

[2] O autor faz referência aqui a recente discurso proferido pelo primeiro-ministro húngaro, Viktor Orbán (N. do T.).

CAPÍTULO I

ADEUS À HIPERGLOBALIZAÇÃO?

Há uma aceleração das epidemias em todo o mundo. Eles aumentaram dez vezes desde 1940, de acordo com S. Morand, ecologista do CIRAD[3]. A exploração selvagem dos recursos naturais e o desmatamento desenfreado perturbam a biodiversidade (ecossistemas, plantas, animais, etc.) com o enfraquecimento dos ambientes naturais. Animais selvagens, expulsos de seus habitats naturais e portadores de vírus, entram em contato com outros animais. Novas cadeias de transmissão aparecem, mutações de vírus surgem e, por meio de outros animais portadores de vírus, como morcegos, a transmissão para humanos se torna possível. Esse foi o caso do SARS, AIDS, Ebola e agora do SARS-CoV-2[4].

Essa aceleração das epidemias tem alguma relação com a globalização do comércio? A resposta é sim, mas não é direta. Certamente há

---

[3] Centro de Cooperação Internacional em Pesquisa Agronômica para o Desenvolvimento, órgão de pesquisa ligado ao governo francês (N. do T.).

[4] Como lembra P. Mouterde (Le Monde, 7 de abril de 2020), D. Quammen escreveu vigorosamente no *New York Times*: "Estamos invadindo florestas tropicais e outras paisagens selvagens, que abrigam tantas espécies de animais e plantas - e dentro dessas criaturas, tantos vírus desconhecidos. Cortamos as árvores e matamos os animais ou os enviamos aos mercados. Nós perturbamos ecossistemas e livramos os vírus de seus hospedeiros naturais. Quando isso acontece, eles precisam de um novo hospedeiro. Frequentemente, esse anfitrião somos nós."

uma forte correlação entre a aceleração do comércio e a das epidemias. No entanto, uma correlação não é necessariamente uma causalidade. Neste caso, há uma relação que é parte direta e parte indiretamente estabelecida. O desmatamento e a extração de minerais com o auxílio de produtos poluentes atendem às necessidades, neste caso principalmente de países asiáticos. Isso degrada a biodiversidade. A destruição do meio ambiente tem um custo não suportado pelos países que compram matérias-primas, mas tem consequências dramáticas para a saúde das populações indígenas e vizinhas. A globalização, depois a hiperglobalização, resultou no aumento do comércio, facilitado por uma redução significativa no custo do transporte marítimo. O transporte marítimo de matérias-primas e a fragmentação de linhas de produção por todo o mundo também têm um custo ambiental. A liberação de CO^2 e o efeito estufa atuam no aquecimento global e na fragilidade dos ecossistemas. Por fim, a produção nos chamados países periféricos de certos segmentos de linhas de produção tem por objetivo – não é o único – reduzir os custos do trabalho, beneficiando-se de salários mais baixos e, sobretudo, de condições ilegais de trabalho nos países de origem, seja em termos de índices de produção, horas de trabalho ou manuseio de produtos perigosos à saúde. Em outras palavras, a globalização se beneficia de desvios ilegais quanto às regras de segurança do trabalho. Assim como acontece com a tributação, as transnacionais otimizam esses desvios jogando com todos os códigos de trabalho do planeta, especialmente porque em vários países eles são apenas formais e na prática, pouco aplicados. Podemos, portanto, considerar que a globalização é, direta e indiretamente, um veículo para possíveis pandemias. Dialeticamente, a pandemia pode ter um forte impacto na globalização ao revelar todas as suas fraquezas.

O contágio global do vírus SARS-CoV-2 prejudicou severamente o comércio internacional e nacional de mercadorias. A globalização dos bens, à medida que se desenvolveu, mostrou sua extrema vulnerabilidade macroeconômica, revelou consideráveis vieses sociais e perdas de soberania sobre produtos estratégicos. A crise atual mostra o quanto estamos distantes dos discursos oficiais sobre a "globalização virtuosa".

A queda do comércio internacional pode ser explicada por três choques sucessivos. O primeiro ocorre na Ásia e mais particularmente na China. A pandemia leva ao confinamento, o que causa uma crise econômica. Partes e componentes da cadeia de valor internacional não são mais produzidos e exportados. O segundo choque está nos países avançados. Mesmo antes do início da pandemia, esses países não podem mais receber os produtos semiacabados de que suas empresas precisam. A indústria automotiva, por exemplo, esgota o pouco estoque disponível e, uma vez esgotado, a produção cessa. O mesmo se aplica a outros setores, em graus variáveis, dependendo da intensidade de sua participação na cadeia de valor internacional. A terceira fase começa com as medidas de contenção adotadas nos países avançados. Isso precipitou fortemente uma crise econômica que estava começando a se desenvolver. O fim da pandemia na China e a retomada da produção, portanto, não encontraram escoamentos de exportação suficientes porque a entrada em profunda crise dos países avançados reduziu maciçamente suas demandas de importação, com exceção de produtos relacionados às suas necessidades de saúde. É o caso de produtos farmacêuticos, cujos princípios ativos tiveram sua produção mais fortemente deslocada para o exterior, bem como de máscaras e respiradores. A América Latina é afetada primeiro pelo choque externo da crise na China e pela redução de suas importações de matérias-primas, depois pelas dos países avançados. A taxa de crescimento de suas exportações caiu em relação a 2017. A crise da Covid-19 precipitou esse movimento de queda e o crescimento de suas exportações tornou-se negativo.

A falta de perspectiva sobre o fim da crise nos países avançados, sua profundidade e as possíveis formas de recuperação econômica – rápida ou lenta – aumentam as incertezas sobre o curso do comércio internacional. É claro que os países serão afetados de maneira diferente dependendo de seu grau de abertura, seu nível de concentração de suas exportações – importações e o estado de sua economia. Ao contrário da crise de 2008, a crise atual não tem origem financeira. Sua origem é viral. A crise de abastecimento decorrente da paralisação da produção e da demanda que a acompanha muito de perto, consequência da queda da renda e do aumento da poupança preventiva na sequência da modificação dos padrões de consumo com o confinamento e medo do futuro, estão causando uma crise econômica extremamente profunda.

Na América Latina ela desaba sobre um tecido industrial enfraquecido pela estagnação de longo prazo, ou mesmo por crises abertas ou latentes. A crise é e será ainda mais importante, especialmente se as políticas anticíclicas não estiverem à altura desse evento excepcional. Tudo isso não pode acontecer sem consequências para o sistema financeiro. O contágio da sucessão queda na produção-empobrecimento-crise financeira, torna-se cada vez mais provável à medida que a crise no mundo real se aprofunda e se prolonga.

Um exemplo de vulnerabilidade: México

O México deve ser profundamente afetado pela crise produzida pelo contágio do covid-19. É mais aberto do que outros países latino-americanos. Suas exportações estão muito concentradas nos Estados Unidos e Canadá, suas importações um pouco menos, mas uma parte crescente dessas importações da China se destinam, uma vez processadas, à venda nos Estados Unidos. No início de abril, a OMC previa que as exportações do México cairiam 4,8% em 2020 e o PIB, 6,6%. Essa previsão otimista foi revisada para baixo. O Banco do México prevê queda de 14% da atividade no segundo trimestre de 2020 e continuação da crise em 2021; o BBVA projeta queda do PIB de 12,8% no segundo trimestre de 2020 (capítulo 3).

Até fevereiro de 2020, as exportações mexicanas para os Estados Unidos estavam crescendo. Com as medidas de contenção tomadas e o fechamento de muitas empresas, elas estão diminuindo drasticamente. De fato, há um colapso das exportações mexicanas em abril em comparação com março de 2020: - 40,9%. Limitada apenas às exportações não petrolíferas, essa queda é de - 39,4% e, em dados ajustados sazonalmente, a queda é menos intensa, mas continua importante: 37,6% e 37,54% respectivamente de acordo com o INEGI.[5]

[5] Instituto Nacional de Estatística, Geografia e Informática, órgão oficial do governo mexicano (N. do T.).

Diante dessa queda nas exportações e, mais particularmente, das maquiladoras (empresas que exportam para os Estados Unidos componentes da indústria automotiva, principalmente eletrônicos), o governo americano pressiona o governo mexicano para que as empresas que exportam para os Estados Unidos voltem a trabalhar – enquanto o país vive o auge do contágio – e forneçam produtos semiacabados para empresas do país. Na verdade, eles se tornaram muito vulneráveis às decisões de proteção tomadas no México, que se tornou o principal parceiro dos Estados Unidos no primeiro trimestre de 2020, um pouco à frente do Canadá e muito à frente da China.

1.1 Da hiperglobalização à desaceleração do comércio

Da hiperglobalização

Da década de 1990 até a crise de 2008, a taxa de crescimento das exportações em valor cresceu em média duas vezes mais rápido que a taxa de crescimento do PIB mundial. Esse crescimento é irregular no período e é superior ao crescimento do volume dessas exportações, como pode ser observado no gráfico 1. Em 2008, devido à crise do subprime e seu contágio para a economia real, o crescimento medido em valor das exportações tornou-se fortemente negativo; em 2009-2010 a recuperação é impressionante, mas dura pouco tempo. Esse período inicial foi caracterizado como hiperglobalização.

Figura 1: Taxa de crescimento do PIB mundial e exportações mundiais, em valor e volume, 1980 – 2017

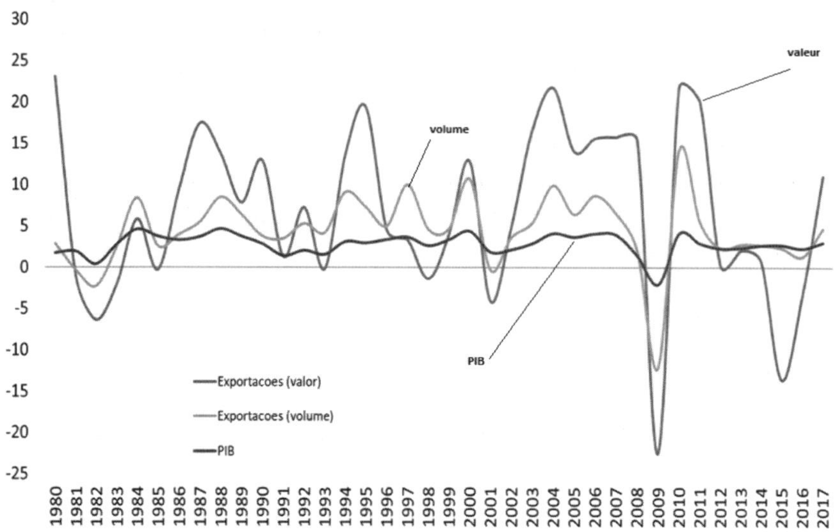

Fonte: WTR/OMC

Para uma desaceleração

Inicia-se uma fase de acentuada desaceleração no crescimento das exportações em valor, que se explica tanto pela volatilidade dos preços das *commodities* quanto pela tendência de queda de preço de muitas delas, pelos efeitos das primeiras medidas protecionistas decididas pela Administração Trump, direcionadas principalmente mas não apenas à China e, finalmente, à desaceleração da economia chinesa. O crescimento das exportações mundiais já não ultrapassa o do PIB mundial. Na América Latina, a restrição externa reaparece com mais ou menos força. As exportações estão mais caóticas, o saldo em conta corrente é mais ou menos negativo, dependendo do país, e os ingressos de capital lutam para compensar esse déficit.

Figura 2: América Latina e Caribe: variação anual do valor das exportações intraregionais e para o resto do mundo, 2007-2019 (em porcentagens)

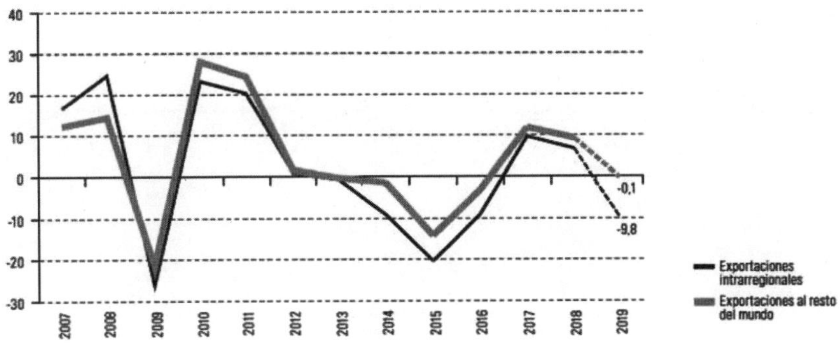

Fonte: Cepal, 2019, Perspectivas del comercio internacional de America latinal y el Caribe, p.18.

Em 2020, surgem os primeiros efeitos da crise provocada primeiro pela pandemia na China (fechamento repentino de empresas, queda muito significativa do PIB chinês, das suas exportações e importações), depois pelo contágio da pandemia em nível global, primeiro na Europa, depois nos Estados Unidos e na América Latina, as exportações mundiais caem de forma muito acentuada como podemos ver no gráfico 2.

Figura 3: Crescimento em volume do comércio mundial e taxa de crescimento do PIB mundial

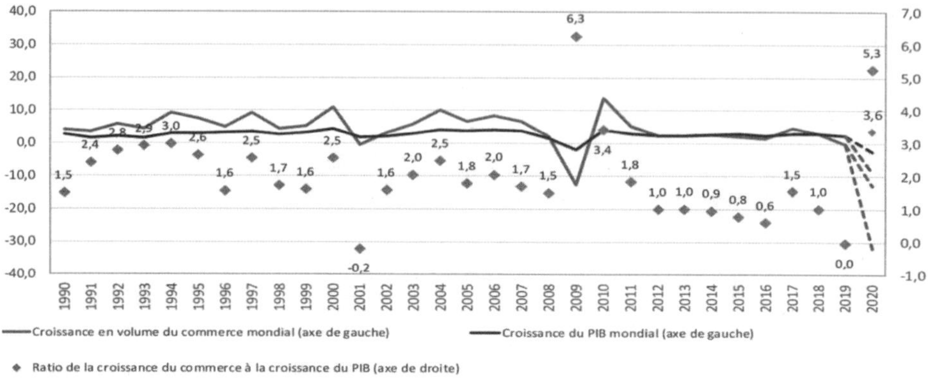

Fonte: OMC

1.2 Na década de 1990, a ruptura internacional das cadeias de valor levou a uma maior vulnerabilidade e a uma perigosa perda de soberania

Na década de 1990 e especialmente na década de 2000, testemunhamos uma revolução na divisão internacional do trabalho. Nas economias latino-americanas, com o rápido crescimento da demanda chinesa por matérias-primas, seus preços e volumes exportados estão aumentando dramaticamente. Os países latino-americanos dotados de riquezas naturais voltam a se especializar na produção e exportação de matérias-primas. Ao fazê-lo, suas restrições externas são relaxadas e suas importações de produtos manufaturados progridem acentuadamente em detrimento de sua indústria nacional cada vez menos competitiva. Eles estão se reprimarizando muito rapidamente[6] e no mesmo

[6] As exportações de produtos manufaturados representaram 51% do total exportado em 2006 para o Brasil - 70% das importações - sendo as demais exportações compostas por produtos agrícolas e matérias-primas (minerais e combustíveis). Pouco mais de dez anos depois, em 2017, as exportações de produtos manufaturados eram de 36% - 74% para as importações (fonte IEDI, n° 892, 2018). Por outro lado, no nível global, as

movimento estão se desindustrializando. Essa nova inserção na divisão internacional do trabalho não é, no entanto, um retrocesso. Ao contrário do século XIX e início do século XX, as técnicas de produção são sofisticadas. Na maioria das vezes, a força de trabalho é assalariada. Mas, assim como aquele período, o de hoje está eminentemente poluindo e destruindo o meio ambiente e afetando a saúde dos trabalhadores e dos agricultores vizinhos.

Um caso típico de reprimarização: Argentina

A Argentina tem recursos naturais menos diversificados que os do Peru ou do Brasil e atualmente exporta principalmente soja, tendo a expectativa de também em breve exportar gás de xisto e aumentar as exportações de minerais[7]

A Argentina não segue o caminho dos países asiáticos, especializando-se em produtos ligados ao setor primário em detrimento de seu tecido industrial. O valor adicionado *per capita* de sua indústria caiu absolutamente (-0,43%) enquanto aumentou no mesmo período em 1.235% na China e 1.230% na Coreia do Sul entre 1975 e 2001. Com a presidência de N. Kirchner, (2003-2007) e, mais

exportações de produtos manufaturados somaram 70% do total exportado em 2017, aos quais devem ser adicionados 12% correspondentes à categoria "outros produtos manufaturados", segundo a OMC. Por fim, 80% das exportações mundiais são feitas pelos dez países, incluindo o México na lanterna do pelotão, que, menos rico em matérias-primas, é especializado na exportação de produtos industriais. No entanto, ao contrário de muitos países asiáticos, o México e os países da América Central se limitaram em grande parte às atividades de montagem, com exceção parcial de certos setores, como a indústria automotiva, onde o número de fabricantes de equipamentos cresceu graças não a uma política industrial, mas à chegada de empresas transnacionais. A abertura crescente não teve efeitos positivos sobre o crescimento, sendo os efeitos multiplicadores sobre o PIB, portanto, fracos, o que explica porque, entre os grandes países latino-americanos, o México foi aquele cujo crescimento foi o menor nos últimos vinte e cinco anos (ver Capítulo 2). A complexidade do seu tecido industrial também é baixa e/ou aparente e enganosa, como se pode verificar quando, em vez de se considerar as exportações brutas, apenas se considera o valor adicionado exportado.

[7] SVAMPA, Maristella. *Las fronteras del neo-extrativismo en America Latina.* CALAS, 2019.

modestamente, com a de Cristina Kirchner (2007-2011), a indústria vive um certo *boom*, mas em geral, durante um longo período, estamos diante de uma desindustrialização precoce (capítulo 2). Essa constatação é implacável. O contexto econômico da Argentina não permite que ela se encaixe positivamente na divisão internacional do trabalho.[8]A reprimarização de sua economia promoveu a desindustrialização precoce e o crescimento lento (SALAMA, Pierre, 2012).

Muitos países asiáticos experimentaram rápida industrialização e altas taxas de crescimento nos últimos quarenta anos. Por outro lado, os países latino-americanos permaneceram quase congelados no quadrante onde se encontram os países atrasados: baixa densidade industrial *per capita*, baixo valor agregado da indústria em relação ao PIB. Ainda, essa proporção regrediu e o crescimento permaneceu modesto, enquanto em outros lugares aumentou. Portanto, em vez de seguir o caminho dos tigres e depois dos campeões a favor de sua indústria, os países latino-americanos se mantiveram no mesmo lugar, enquanto os países asiáticos avançaram apostando na industrialização cada vez mais baseada em produtos de alta qualidade e na exportação de tecnologia e produtos complexos[9].

---

8 ALBRIEU, Ramiro; CARCIOFI, Ricardo; KATZ, Sebastián; MACHINEA, José Luis; NOGUEIRA, Roberto Martínez; PINEIRO, Martín; ROZEMBERG, Ricardo; ROZENWURCEL, Guillermo. *Argentina:* una estrategia de desarrollo para el siglo XXI. Turmalina, 2015.

9 As exportações têm duas características: sua onipresença e sua diversificação. A ubiquidade depende da escassez, que depende dos recursos naturais que o país possui ou não possui, ou da capacidade de produzir bens sofisticados que poucos países podem fazer. Para isolar esta última e construir um indicador de complexidade, buscamos usar a diversidade das exportações para medir o grau de ubiquidade e, portanto, de complexidade. Vamos dar um exemplo: Paquistão e Cingapura têm um PIB semelhante e cada um exporta 133 produtos principais. A diversidade de suas exportações é, portanto, semelhante, mas os produtos exportados pelo Paquistão também são semelhantes aos de 28 outros países, cujas exportações são pouco diversificadas. Não é o caso de Cingapura: apenas 17 outros países exportam produtos semelhantes aos seus e suas exportações são muito diversificadas. A economia de Cingapura é, portanto, mais complexa do que a do Paquistão, que tem uma renda *per capita* muito mais baixa. A complexidade de uma economia depende do esforço realizado em pesquisa e desenvolvimento; quanto maior o esforço, maior a probabilidade de a economia produzir

Figura 4

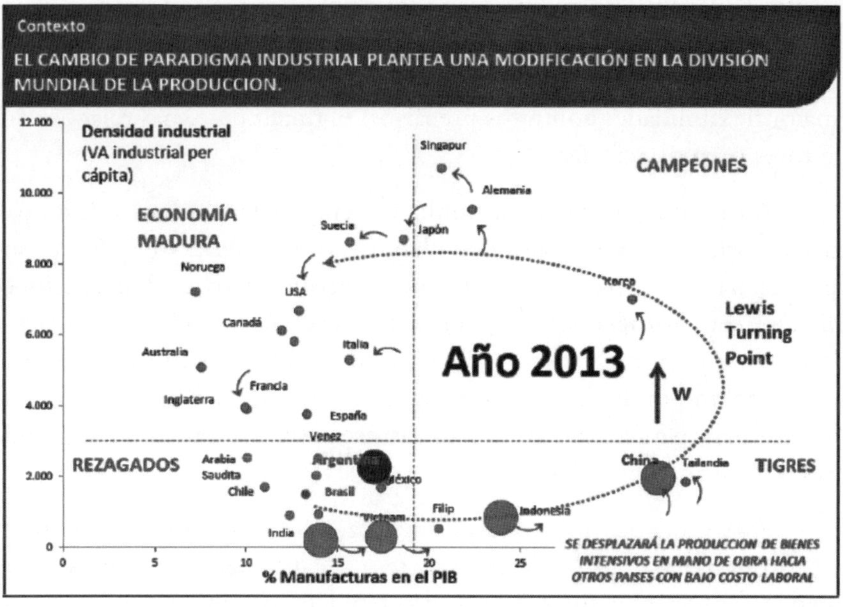

Fonte: *In:* Albrieu y aliin 2015, p. 46.

a. A cadeia de valor está se internacionalizando: os segmentos de uma linha de produção são terceirizados em diferentes países para todo um conjunto de setores produtivos

Em vez de ter um relacionamento entre dois atores, o principal com sua subsidiária ou com um subcontratado no exterior, passamos para um relacionamento entre um ator, o principal, e "n" atores, localizadas em diferentes países, no Sul e no Norte, subsidiárias e ou subcontratadas locais. A cadeia de valor, portanto, dividida em diferentes

produtos complexos. O grau de complexidade das exportações latino-americanas é baixo e decrescente, ao contrário do que se observa em muitos países asiáticos (Hausmann R., Hidalgo C. et allii (2014), The Atlas of Economic Complexity, Mapping Paths to Perspectives, Center for International Development, Harvard University, Harvard Kennedy School, Macro Connections MIT Media Lab).

países, está se internacionalizando. Ao mesmo tempo tendem a se desenvolver, mais ou menos rapidamente a depender do setor, mudanças significativas tanto na organização industrial (estoques mínimos e generalização do "*just in time*"), quanto na organização do trabalho (ascensão do toyotismo em detrimento do fordismo) e nas condições de trabalho (maior flexibilidade, contratos precários) e, finalmente, nas relações dos gestores com os acionistas.

A matriz, transnacional, ganha em eficiência e redução de custos, mas se torna cada vez mais dependente e vulnerável a seus fornecedores. Ela não controla os cenários macroeconômicos e macropolíticos em que seus fornecedores operam. Por isso, na escolha dos países e de forma a minimizar riscos, o critério da solidez das instituições vem ganhando importância. Sabemos, porém, que uma pandemia foi suficiente para paralisar todas as cadeias produtivas e causar uma grande crise econômica mundial.

Essa mudança foi possível graças ao desenvolvimento da Internet, à queda nos custos de transporte e à capacidade de alguns países asiáticos em adaptar sua oferta muito rapidamente às mudanças repentinas na demanda global. Enquanto os dragões asiáticos (Coreia do Sul, Taiwan, Cingapura) iniciaram esse processo para um número reduzido de produtos na década de 1980 e início de 1990, a China, por sua dimensão e suas capacidades ligadas ao seu tamanho, se amplia e se torna o que se poderia chamar de "a oficina do mundo". Como a Coreia do Sul e Taiwan ontem, a China está gradualmente granhando dimensões crescentes no mercado, abandonando produtos com alta intensidade em mão de obra mal paga, os mais simples de fabricar ou montar, reservando-os para novos países asiáticos como Bangladesh e Vietnã, para se engajar na produção de produtos capital-intensivo e com maior conteúdo de pesquisa e desenvolvimento.

Tabela 1: Comércio internacional de produtos manufaturados, exportações e importações em bilhões de dólares, classificação e porcentagem em relação ao comércio mundial desses produtos em 2017

País	Ranking	exportações	Em %	País	Ranking	Importações	Em %
China	1	2.125	16.8	EUA	1	1.874	14.8
Alemanha	2	1.263	10	China	2	1.152	9.1
EUA	3	1.127	8.9	Alemanha	3	887	7
Japão	4	604	4.8	Hong Kong	4	511	4
Coreia do Sul	5	511	4.1	França	5	478	3.8
México	10	333	2.6	México	10	330	2.6
Brasil	30	77	0.6	Brasil	30	112	0.9

Fonte: Carta IEDI, n. 892, 2018, com base em dados da OMC

Desagregação internacional da cadeia de valor: um exemplo entre muitos, o da Apple.

Dizia-se que os primeiros iPhones da Apple eram "Made in China". Hoje podemos ler "Montados na China", algo mais perto da realidade. O iPhone da Apple é de fato projetado nos Estados Unidos em seus escritórios de pesquisa. Sua produção requer a extração e processamento de matérias-primas como lítio, cobre, cobalto, de dois países africanos (República Democrática do Congo e Zâmbia), China, Austrália, Brasil e Chile. Os componentes (telas, memórias, giroscópio, baterias, processadores e circuitos impressos) são produzidos nos Estados Unidos, Europa, Japão, Coreia do Sul e Indonésia), finalmente a montagem é realizada na China, principalmente por empresas Taiwanesas (Foxconn, Pegatron).

Não são apenas os bens sofisticados que são afetados pelas cadeias de valor internacionais, mas também produtos relativamente simples, como a bicicleta elétrica "produzida" no Vietnã pela Pedatron.

b. O comércio Sul-Sul de bens industriais se desenvolveu. No entanto, os países latino-americanos, em geral, pouco participam do processo de desagregação da cadeia de valor

De acordo com a Cepal, em 2015, as exportações da União Europeia que ingressaram nas cadeias de valor internacionais foram menores na América Latina quando comparadas às dos Estados Unidos, União Europeia e Ásia. É interessante, ao mesmo tempo, distinguir: 1. as participações nesta cadeia de acordo com a participação do valor adicionado estrangeiro na produção nacional destinada à exportação (designada como "à montante") ou então, de acordo com o percentual do valor adicionado interno em exportações estrangeiras (designadas como "à jusante"); 2. se essas exportações são intrarregionais ou extrarregionais.

Figura 5: Participação na cadeia de valor internacional, como percentual das exportações nacionais e estrangeiras, 1990-2015

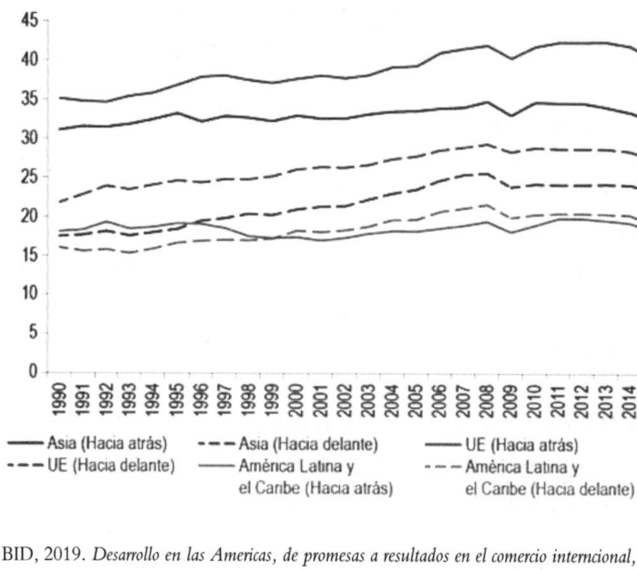

Fonte: BID, 2019. *Desarrollo en las Americas, de promesas a resultados en el comercio interncional*, sous la direction de Mosquita Moreira M et Stein E., a partir des calculs de Blyde et Trachtenberg, 2019, p. 57

Tabela 2: Participação na cadeia de valor internacional, em porcentagem, intra e extrarregional, 2015

	À montante			À jusante		
	Intrar regional	Extrar regional	Total	Intrar regional	Extrar regional	Total
União Europeia	5	15	40	22	6	28
Ásia	18	14	32	15	8	23
América Latina	4	12	16	3	14	17

Fonte: BID, 2019. *Desarrollo en las Americas, de promesas a resultados en el comercio interncional,* sous la direction de Mosquita Moreira M et Stein E., a partir des calculs de Blyde et Trachtenberg, 2019, p. 58.

Observamos que: 1. a participação das exportações da América Latina na cadeia de valor internacional é menor em relação às de outras regiões e cresce fracamente no período 1990-2015, seja "à montante" ou "à jusante"; 2. o comércio intrarregional é relativamente baixo. A América Latina participa relativamente pouco das cadeias de valor internacional. O desenvolvimento do comércio Sul-Sul não é ou é pouco feito por sua própria iniciativa, mas sim pela iniciativa dos países asiáticos entre si. Finalmente, suas exportações servem, em parte, para enriquecer em valor agregado às exportações dos países que as recebem. Sabemos que nas negociações com a China, esta procura importar matérias-primas pouco processadas, um pouco como o Reino Unido praticava no século XIX, para depois enriquecê-las, quer para o seu mercado interno quer para suas exportações.

c. Novas vulnerabilidades na América Latina?

A América Latina, com exceção do México, seria menos vulnerável por estar menos exposta ao comércio internacional e menos envolvida na desagregação internacional da cadeia de valor? Este não é o caso. Além desta vulnerabilidade, que é menor que a de outros países, existe outra vulnerabilidade: a de ter novamente se especializado na produção de matérias-primas cujos volumes e preços exportados dependem principalmente do crescimento dos países asiáticos. Basta que esse crescimento diminua para que os volumes e os preços caiam. O contrário ocorre com os produtos manufaturados, cujas exportações certamente dependem da economia internacional, mas cujo crescimento depende também e sobretudo da competitividade, da capacidade de galgar posições no mercado e de se beneficiar de uma elasticidade da demanda em relação às rendas mais elevadas.

A hiper-globalização organizada desde cima, do comércio de bens e capitais, estende-se desde a década de 1990 até cerca de 2008. China, Bangladesh e México se tornaram "oficinas do mundo". As empresas multinacionais instalaram-se nestes países ou procuraram subcontratados locais para produzir bens em condições de trabalho decentes e ao menor custo possível, sem respeitar a segurança dos trabalhadores nem o ambiente. Este processo é legal se seguirmos as leis, trabalhistas e ambientais, desses países. No entanto, está na origem de uma burla da lei nos países avançados, pois produzir nos países avançados, nas condições de trabalho e respeito ao meio ambiente vigentes nas empresas localizadas nos países menos avançados, seria totalmente ilegal. O legal se confunde com o ilegal, proibido em um país, mas permitido em outro. Essa otimização dos códigos do trabalho em escala internacional está na origem de ganhos substanciais.[10]

---

[10] A globalização organizada desde cima exige a globalização dos de baixo, do comportamento individual, especialmente nos países em desenvolvimento. A confusão entre o ilegal e o legal torna-se ainda mais importante à medida que a globalização vinda de cima avança, sendo que o ilegal nos países avançados é legal nos países em desenvolvimento. O ilegal é então tido como legítimo e de fato legal e abre caminho para o aumento do contrabando, de cópias (CDs, DVDs, aparelhos eletrônicos ou de luxo etc.) em grandes mercados como o de Tepito no México. Como as sociedades estão longe de ser inclusivas e muitas pessoas, ausentes de toda uma série de serviços públicos, não se identificam com o Estado (sendo este incapaz de cumprir a lei e processar assassinos, atuando muitas vezes em conluio com o narcotráfico), os pobres, que devem sua sobrevivência apenas a esse tipo de trabalho, não conseguem entender como esse trabalho pode ser ilegítimo por ser proibido. A legitimidade de seus empregos é baseada em sua capacidade de fazer esses trabalhadores sobreviverem e não em categorias legais versus ilegais, categorias que aparecem cada vez mais abstratas com o surgimento da globalização. VEGA, Carlos Alba; MATHEWS, Gordon; RIBEIRO, Gustavo Lins. *Globalization from below: The World's other Economy*, Routledge, 2012.

Este não é o único motivo pelo qual as empresas multinacionais estão realizando a fragmentação internacional de sua cadeia produtiva. Alguns países dominam novas tecnologias, como a produção de chips[11] (Taiwan, Coreia do Sul). Produzir chips de última geração exige investimentos colossais, da ordem de dezenas de bilhões de dólares, onde as economias de escala (de dimensão) são extremamente importantes, por isso pode ser lucrativo subcontratar as empresas que os produzem. É o caso da Apple, por exemplo (veja o quadro). Mas a produção desses chips também é feita por meio de insumos produzidos em outros países.

A busca pela otimização tributária impulsiona a criação de subsidiárias no exterior, o estabelecimento de acordos com empresas locais em países onde as taxas de impostos são atrativas.

Sem ir até a produção de produtos ultrassofisticados, alguns países constituem elos da cadeia de valor internacional porque se especializaram em determinados produtos com elevado componente de pesquisa, ciência e tecnologia. A distribuição internacional das cadeias de valor é, portanto, baseada em um conjunto de considerações relativas à existência de mão de obra pouco qualificada e barata, qualificada, mas menos cara do que em países avançados, condições de trabalho, tecnologias, especializações, tributação, às vezes infraestrutura. Esses processos de otimização são a chave do sucesso em termos de lucratividade, mas também o seu calcanhar de Aquiles. Basta que um dos elos da cadeia com uma situação de monopólio falhe para que todo o sistema seja paralisado. Assim, novas dependências são criadas e, portanto, novas vulnerabilidades.

As economias latino-americanas certamente se abriram um pouco, mas no final ainda estão relativamente fechadas, com exceção do México e de alguns países da América Central. Seu peso nas exportações mundiais é baixo e se mantém estável, sempre com exceção do México. Ou seja, sua abertura ocorreu no ritmo médio da abertura global. O peso relativo das exportações brasileiras nas exportações

---

[11] O autor aqui se refere especificamente à produção de tags ou etiquetas RFID, que são identificadores por radiofrequência (transponders), componente básico no desenvolvimento da Internet das Coisas (IoT) (N. do T.).

mundiais evoluiu, assim, de 1% para 1,2% de 1980 a 2012, enquanto as da China passou de 1% para 12%, no mesmo período.

No entanto, de uma forma geral, os países latino-americanos têm conseguido abrir-se mais ao exterior sem serem oprimidos por constrangimentos externos como no passado, graças aos ganhos obtidos com a exportação de matérias-primas principalmente para a China, o que lhes permitiu importar mais produtos manufaturados. Esta fase parece ter acabado e as restrições externas estão reaparecendo com força em economias que se tornaram menos industrializadas e mais vulneráveis a mudanças nos volumes exportados e aos preços das matérias-primas.

1.3 Hiperglobalização e fragmentações dentro das nações

a. País e fragmentação territorial

Os termos "vencedores" e "perdedores" são frequentemente usados na literatura econômica. Os países que "ganhariam" seriam aqueles que experimentassem um aumento em sua participação no comércio mundial e vice-versa. Alguns países, especialmente asiáticos, aumentaram sua participação relativa no produto interno bruto global entre 1980 e 2018. Em contrapartida, os países da América Latina viram sua participação diminuir em vários pontos, como vimos.

Considerar que alguns países podem ganhar e outros perder é um atalho potencialmente confuso. A globalização é acompanhada pela fragmentação territorial dentro dos Estados/Nações. As nações são, de fato, compostas por territórios onde se concentram os ganhos da globalização e outros onde predominam as perdas e vice-versa. A globalização, portanto, tem consequências negativas no tecido industrial e no mercado de trabalho, inclusive nas nações que aparentemente estão ganhando com a concorrência generalizada, em particular no campo da legislação.

Nos territórios que ganham com a globalização, a proporção dos que experimentam uma evolução favorável de seus salários é maior do que nos territórios que perdem. Entre estes últimos, há, em termos relativos, mais empregos pouco qualificados e mal remunerados, ameaças ao emprego, maior insegurança do que nas regiões que "ganham". Nos territórios que perdem com a globalização, se produz um processo de desindustrialização-desertificação mais importante do que naqueles que ganham pela falta de capacidade de mudança no aparato industrial e procura de empregos suficientemente qualificados. As consequências podem ser trágicas: o desaparecimento de empresas numa cidade[12], aumento das dificuldades em encontrar emprego, a menos que se mudem nas piores condições (o imóvel geralmente perdeu o seu valor), aumento das dificuldades também devido à idade, qualificação insuficiente e preferência das empresas pela contratação de jovens. Na maioria das vezes, nos países da América Latina, portanto, permanece apenas a busca por empregos informais, às vezes estritamente de sobrevivência.

b. Abertura mais ou menos controlada, virtudes míticas do livre comércio

Com a globalização comercial, estamos testemunhando uma reconfiguração da indústria mundial. Na maioria dos países asiáticos, o peso da indústria está crescendo em relação ao PIB. O papel do Estado como "fomentador" da indústria é importante e muitos desses países iniciaram um forte crescimento ao se tornarem "oficinas do mundo", passando da produção de bens com baixa tecnologia, alto conteúdo de mão de obra pouco qualificada e de baixa remuneração, para gradualmente mover-se para cima e produzir mais bens capital-intensivo, usando mão de obra mais qualificada e tecnologias cada vez mais modernas. Como já indicamos, na América Latina assistimos, na maioria dos países, a uma reprimarização das atividades aliada à chamada desindustrialização precoce, em outros a um *boom* das exportações industriais sem que isso tenha efeitos positivos sobre o crescimento (capítulo 2). Nos países avançados, a globalização precipita um processo de desindustrialização já iniciado, exceto na Alemanha.

Não tiramos conclusões sobre os supostos benefícios do livre comércio para o crescimento, como se costuma fazer nas instituições internacionais. Elas acreditavam ver na crescente abertura ao comércio

---

[12] Basta deslocar-se a vários locais da Grande Buenos Aires para observar alguns terrenos baldios, vestígios de negócios que já não existem.

internacional a causa do dinamismo do crescimento e, inversamente, na baixa abertura a primeira causa do fraco crescimento na América Latina. Essa relação é contestada não apenas teoricamente, mas também factualmente. Tanto na abordagem teórica como nas análises descritivas, falta uma variável entre a abertura e o crescimento: a do papel desempenhado pelo Estado.[13]

A tese que liga o crescimento impulsionado pela exportação ao jogo livre das forças de mercado tem, à primeira vista, um apelo óbvio. Para seus apoiadores, a adoção de uma política econômica pró-ativa, visando substituir as importações pela produção local, favoreceria a economia rentista, o excesso de estado e burocracia, o clientelismo e a corrupção, e levaria a uma alocação de recursos não-ideal. No entanto, a observação histórica revela que os grandes períodos de industrialização na América Latina, mas também na Ásia, foram caracterizados por uma consequente intervenção do Estado – reconhecidamente acompanhada de corrupção e clientelismo, fenômenos que não necessariamente constituem um impedimento à industrialização. Qualquer que seja o juízo de valor que possa ser feito sobre tal prática de intervenção do Estado, deve-se observar que abaixo de certos limites – além dos quais o funcionamento da economia é gravemente alterado, em favor apenas do enriquecimento dos proprietários da renda – ela pode promover o crescimento e constituir um mecanismo de legitimidade por meio da redistribuição.

O economista americano de origem malaia Wing Thye Woo[14] analisou criticamente os fundamentos teóricos da relação positiva estabelecida pela corrente ortodoxa entre liberalização comercial e crescimento, em particular na comparação entre desempenho econômico da Ásia e da América Latina. Há intervenção do Estado na Ásia, mas seus efeitos negativos são neutralizados, o que não acontece nos países latino-americanos.

---

[13] SALAMA, Pierre. *O desafio das desigualidades, America latina/Asia, uma comparação instructiva*. São Paulo: Perspectiva, 2011.

[14] AKKERMAN, Age; TEUNISSEN, Jan Joost. *Diversity in Development*. Reconsidering the Washington Consensus, Fondad, La Haye, 2004.

A demonstração se baseia em três pilares: a) a tarifa média era menor na Ásia do que na América Latina; b) o desvio padrão desses direitos foi maior na América Latina do que na Ásia, o que significaria que a intervenção estatal no primeiro caso foi de caráter "extemporâneo", e que menos mercado resulta em menos eficiência e mais vencedores e perdedores do que na Ásia; c) na Ásia, a taxa efetiva de proteção era aproximadamente igual à taxa de subvenção à exportação, enquanto na América Latina a primeira taxa teria superado amplamente a segunda. A proximidade das taxas na Ásia produziria um efeito semelhante ao da ausência de taxas, anulando-se os dois efeitos produzidos por essas taxas, o que não seria o caso na América Latina. Nos países da Ásia seria restabelecido o jogo das forças de mercado, o que explicaria a vivacidade do seu crescimento, enquanto nos da América Latina a intervenção do Estado desaceleraria o crescimento, privilegiando o mercado interno.

Wing Thye Woo critica fortemente este último ponto e demonstra seu caráter errôneo: a proximidade das taxas de proteção às importações e das taxas de subsídio às exportações, observada nas economias asiáticas, não é suficiente para concluir que os efeitos destas foram neutralizados e deduzir que as economias asiáticas estão experimentando alto crescimento graças ao livre comércio, ao contrário das economias latino-americanas (para uma demonstração usando um breve modelo, ver SALAMA, P., 2006, p.92 e seguintes). O que faz com que o crescimento possa ser impulsionado pela produção de bens comercializáveis em detrimento de outros bens é que o primeiro tem uma valorização superior – graças a uma política de apoio a este setor – do que o segundo, mais arcaico, geralmente representada pela agricultura de subsistência não modernizada. Portanto, qualquer política industrial voltada para a expansão do primeiro, por meio de subsídios seletivos e temporários, pode ser favorável ao crescimento. A conclusão é, portanto, exatamente o oposto daquela tirada pelos autores do *mainstream*: não é a alocação ótima produzida pelo livre jogo do mercado que explica o forte crescimento, mas uma combinação de intervenção do Estado e forças de mercado.

A abertura pode ser controlada pela política industrial. Foi o que os países asiáticos fizeram e ainda fazem. Por outro lado, a abertura, sem política industrial, sem controles, pode não promover o crescimento, como aconteceu no México, por exemplo.

1.4 Da desaceleração da globalização ao colapso do comércio

Desde 2008, a globalização perdeu força. As exportações mundiais estão crescendo a uma taxa próxima a do PIB mundial. As medidas protecionistas se multiplicaram desde 2012. Com a ascensão de Trump à presidência dos Estados Unidos (2017), elas tendem a se generalizar. O objetivo é conter a ascensão da China ao poder, reduzir o déficit comercial abismal, realocar empresas para os Estados Unidos e fornecer empregos e renda para aqueles que sofreram com a fragmentação causada pela hiperglobalização. Esta guerra comercial é fonte de múltiplos perigos para a América Latina e para a Europa: as medidas anunciadas pelo governo americano exigem, sim, contra-medidas, que incentivam o aumento da oferta. Ao contrário do jogo de xadrez, cujas regras são fixas e onde os jogadores podem prever as possíveis reações à sua decisão e modulá-las de acordo com elas, aqui as regras não são fixas e o "jogo" pode rapidamente sair do controle, ainda mais porque o "jogo" não coloca dois jogadores frente à frente (Estados Unidos e China), mas vários jogadores, incluindo Europa, Japão e, claro, outros países: os efeitos em alguns têm repercussões em outros, seja diretamente – a China, por exemplo, buscando encontrar novos escoamentos para aqueles produtos que se tornaram de mais difícil colocação nos Estados Unidos, ou indiretamente por meio do declínio do crescimento, aumento do desemprego, crises políticas que alimentam o populismo de direita. Com a pandemia, a guerra comercial com a China se reacende e se aproxima de um ponto sem volta, ameaçando se transformar em uma crise financeira, sendo a China credora dos Estados Unidos[15].

---

[15] Como escreveu o *Financial Times* em 8 de maio de 2020: "É cada vez mais evidente que 2006 foi o ano de pico da globalização. Na época, não era esse o caso. Mas, desde então, a história tem sido a de um decrescimento da globalização após a crise financeira de 2007-2008, seguido por uma desaceleração mais acentuada após a eleição de Donald Trump, que se transformou em uma crise muito mais grave, hoje a primei-

Enfraquecida, a América Latina está mal preparada para enfrentar todos esses desafios.

a. A pandemia causa uma queda considerável no comércio.

A ironia da história é que a crise da globalização aconteceu onde nenhum economista, nenhum sociólogo, nenhum político se antecipou[16]. Nenhum, ao contrário de muitos virologistas, epidemiologistas e ecologistas, mesmo que agora alguns estejam tentando fazer de conta que o previram. É claro que, quer venham da direita, frequentemente extrema, ou da esquerda, houve muitas críticas à globalização. Alguns, expondo sua concepção de nação, defendiam um retorno ao protecionismo que, às vezes, poderia se assemelhar a uma autarquia. Outros, mais esquerdistas e ambientalistas, defendiam uma outra globalização, recusando fronteiras, buscando a cooperação entre Estados para impor padrões éticos (como o trabalho decente) e ambientais muito mais rigorosos. Mas ninguém poderia pensar que as novas formas da globalização, nomeadamente a desagregação internacional da cadeia produtiva de valor, poderiam enfraquecer as várias economias a ponto de as tornar extremamente vulneráveis. Bastou uma pandemia para o atual sistema econômico entrar em colapso com um efeito cascata, alimentando-se um do outro. A incapacidade de fornecer aqui partes e componentes de produtos de uma cadeia de valor internacional dispersa, com a opção

---

ra pandemia verdadeiramente moderna. No geral, o desmoronamento do globalismo deve ser uma fonte de grande preocupação. Se você quer saber o que há de bom no globalismo, deve compará-lo com seus inimigos: homens como Trump, Viktor Orbán e Jair Bolsonaro. Eles querem um mundo de nacionalismos de soma zero que deixará todos em uma situação pior e menos segura, mas que fortalecerá seus próprios poderes nacionais. "America First" alimenta "China First" e vice-versa. (...) Des-integração global (ênfase no hífen) já estava em andamento. Era óbvio o suficiente para eu escrevê-lo seis anos atrás. Trump e agora a Covid-19 aceleraram dramaticamente seu curso... ela tornará o mundo menos seguro".

[16] Com a notável exceção de Al Gore, ex-vice-presidente dos Estados Unidos, e também de Bill Gates e sua fundação. Claro, houve muitas críticas à globalização, seja da direita, muitas vezes extrema, ou da esquerda. Alguns, expondo sua concepção de Nação, defendiam um retorno ao protecionismo que ora se comparava à autarquia, outros, mais de esquerda e dos partidos verdes, pleiteavam uma outra-globalização, recusando fronteiras, buscando cooperação entre os Estados para impor padrões éticos (trabalho decente) e ambientais muito mais rigorosos.

de baixos custos de mão de obra, leva a paralisações em outros lugares, ou seja, em outros países, da produção e ao aumento do desemprego e, como resultado, uma queda na demanda precipitando uma depressão econômica. Este bater de asas de borboleta revela sobretudo que a desindustrialização, o carácter simétrico desta globalização, a considerável perda de soberania, principalmente na indústria farmacêutica, não se traduz apenas em custos financeiros, mas sobretudo numa acumulação de mortos.

Figura 6: Previsões comerciais

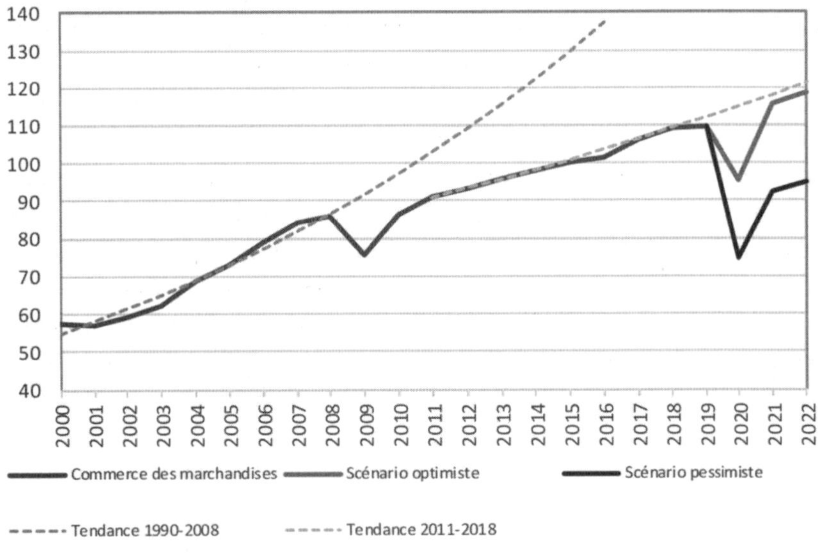

Fonte: OMC

A relação entre o mercado e o Estado é posta em causa. O retorno do Estado limita o poder de decisão das grandes empresas multinacionais. A relação entre comércio exterior e proteção do mercado interno se destaca pelo prisma da retomada da soberania nacional sobre toda uma série de produções estratégicas. Por fim, a relação entre o mercado e o meio-ambiente é mais questionada do que no passado, tendo os transportes marítimos e aéreos um custo ecológico em termos de emissões de CO_2 não contabilizadas nos preços. Portanto, a questão é se, depois que a pandemia passar, o comércio internacional será retomado como se nada tivesse acontecido, ou se esse será um ponto de ruptura.

b. Relocalização feita em diferentes velocidades

A tendência ainda modesta de relocalização, que põe em causa a própria forma de globalização, tem três razões. A revolução digital e a inteligência artificial estão tornando possíveis as relocalizações "competitivas". É possível relocalizar a produção de certas atividades em países avançados graças ao surgimento da revolução digital, a mesma revolução que ontem facilitou a deslocalização. As relocalizações "competitivas" são agora possíveis graças à inteligência artificial, à robotização, à impressão 3D e a métodos de trabalho mais flexíveis do que no passado, que a partir de plataformas digitais "uberizam" os trabalhos. No entanto, nem todos eles são lucrativos, pois produzir alguns bens é mais caro com robôs do que usar mão de obra barata e adaptável[17]. Hoje, a consciência da realidade da globalização com suas vulnerabilidades e perdas de soberania, particularmente no setor de saúde, pode levar a um movimento de relocalização. A força da China pode se tornar sua fraqueza amanhã, a menos que o governo chinês acelere o caminho para outro modelo de desenvolvimento. Se as relocalizações aumentarem significativamente – especialmente para outros países asiáticos – as exportações da China serão prejudicadas. Como atualmente não há outras fontes de crescimento além das exportações e investimento, e como a China não é capaz de aumentar o consumo interno de forma significativa, o crescimento chinês continuará a enfraquecer. A segunda razão deve-se aos efeitos deletérios da globalização sobre a coesão social: mais desigualdades de renda, empregos perdidos e mobilidade reduzida frequentemente se traduzem em protecionismo cada vez mais pronunciado. A terceira razão é estratégica. O declínio relativo do

---

[17] É o caso das roupas. A participação de mercado global da China variou de 40% para 32%, mas em favor de Bangladesh e Vietnã.

império americano e a ascensão da China no domínio das novas tecnologias levaram os primeiros a medidas retaliatórias contra os segundos. O governo dos Estados Unidos, por exemplo, está tentando impor o princípio da extraterritorialidade para bloquear o acesso a produtos tecnologicamente sofisticados que incorporem insumos norte-americanos.

c. Que futuros?

A crise vai significar o fim da hiperglobalização e o questionamento do desmembramento internacional das cadeias de valor? A revista *The Economist* (8 de abril de 2020), às vezes, parece pensar assim. A crise causada pela pandemia de Covid-19 ampliará o movimento de relocalização por três razões: "Primeiro, uma adoção mais rápida de novas tecnologias. O planeta está tendo um curso intensivo de *e-commerce*, pagamentos digitais e trabalho remoto. Mais inovações médicas surgem, incluindo tecnologias de edição de genes. Em segundo lugar, as cadeias de abastecimento globais serão reformuladas, observando uma mudança acelerada caso tenha início uma guerra comercial. Em terceiro lugar, a Apple tem apenas dez dias de estoque, e seu principal fornecedor na Ásia, a Foxconn, 41 dias. As empresas buscarão estoques de segurança maiores e uma massa crítica de produção perto de casa, usando fábricas altamente automatizadas. O investimento empresarial transfronteiriço pode cair 30-40% este ano. As empresas globais se tornarão menos lucrativas, mas mais resistentes".

Por outro lado, também podemos pensar que, como diz o ditado: "é mais fácil fazer do que desfazer". Como já sublinhamos, a relocalização de certas empresas deveu-se a uma decisão política: por um lado, para conter os efeitos negativos da globalização desenfreada na sociedade e, por outro, para abrandar a ascensão da China ao negar-lhe acesso à alta tecnologia, por medo de enfrentar no futuro uma forte concorrência na produção de bens de alta tecnologia como já está começando a acontecer e como ocorria há pouco tempo em produtos de baixa tecnologia. Esta relocalização também é possível devido ao que permitiu as deslocalizações, nomeadamente a revolução digital. Agora é possível responder imediatamente a certas solicitações, economizando tempo de transporte intercontinental.

A dificuldade é que essa reversão não é fácil por vários motivos. O que foi possível fazer no espaço de trinta anos é difícil de desfazer por vários motivos. A queda drástica da produção nos países avançados é explicada tanto pela queda na demanda, pela incapacidade de obter suprimentos de outros países, como no passado, e pelo declínio da produtividade do trabalho resultante de novas restrições de saúde, impostas para proteger os funcionários. Como a *Natixis* sublinha em nota (15 de maio de 2020, n. 598), as empresas, fortemente impactadas pela crise econômica, buscarão terceirizar mais do que no passado para reduzir ainda mais seus custos salariais, vão acentuar a austeridade salarial, buscarão aumentar o seu endividamento de forma a aumentar a rentabilidade do capital próprio e assim satisfazer os seus acionistas, objetivo central dos gestores. Irão, dessa forma, acentuar a concorrência fiscal e, "a cereja do bolo", procurarão ficar isentas de constrangimentos ambientais. Nessa versão pessimista, as empresas farão exatamente o oposto do que qualquer um poderia esperar. Deixado a critério delas, a lição será fazer a mesma coisa de antes, mas pior. Com o curto prazo dominante, o longo prazo com suas vulnerabilidades reveladas pela crise da Covid-19 pesaria pouco. As empresas neoliberais, todas de mercado, ironicamente incluem o preceito de Keynes de que no longo prazo estaremos todos mortos.

Essa tendência natural de repetir o passado é tanto mais forte quanto é tecnicamente difícil abandonar laços anteriores. O exemplo de Huawai é interessante em mais de um aspecto. Os Estados Unidos colocam o máximo de obstáculos para que esta empresa de alta tecnologia possa continuar a desenvolver e controlar a produção de microprocessadores. Apenas três empresas no mundo podem produzir microprocessadores menores que 10 nanômetros: uma americana, uma coreana e outra taiwanesa. A ideia é, por um lado, forçar essas empresas a produzirem nos Estados Unidos e impedirem que vendam para a China, impondo o princípio da extraterritorialidade que consiste em proibir uma empresa de exportar para a China produtos que incluam peças e componentes americanos e, portanto, "sufocar" as empresas chinesas de telecomunicações, que necessitam desses produtos. O problema é que isso era relativamente possível para a empresa ZTE, mas muito mais difícil para a Huawei, que conseguiu continuar usando a tecnologia americana para desenvolver semicondutores. A participação dos componentes chineses (41%) continuou crescendo. O 5G contém 41% de componentes chineses contra 1% de componentes americanos diretos. A participação de componentes chineses nos semicondutores produzidos na China também está aumentando.

Se a crise for superada rapidamente, a probabilidade de retorno à situação anterior é alta. Por outro lado, se a crise durar e a recuperação for lenta e, além disso, os problemas sociais persistirem ou mesmo se agravarem, será difícil recomeçar como se nada tivesse acontecido. No entanto, a globalização não será impactada da mesma forma em todos os setores. Podemos supor que a produção de medicamentos e bens de capital relacionados à saúde será a mais impactada, a perda da soberania resultando em um número muito elevado de mortes. O setor automotivo também pode ser impactado, mas não no mesmo nível que os setores de TI e eletrônicos pesados, o tamanho de sua oferta exigindo um mercado global para se beneficiar de economias de escala vinculadas à evolução da tecnologia.

Também é possível que as posições de monopólio sobre certos produtos semi-acabados manufaturados sejam postas em causa e que as empresas transnacionais optem por uma maior diversificação. A produção continuaria fragmentada em nível internacional, mas determinados segmentos produzidos em situação de quase-monopólio, na maioria das vezes na China, passariam a ser produzidos em vários países, de forma a reduzir os efeitos dos caprichos da produção de uma empresa em situação de monopólio no abastecimento desses segmentos. Em vez de relocalização para países avançados, uma maior diversificação poderia se tornar a opção preferida das empresas multinacionais. Isso passaria do protecionismo indesejado para o "precaucionismo" desejado, sem resolver as questões que levantamos.

O futuro da globalização em direção a uma globalização disciplinada, regulada, que mostre mais respeito pelo meio ambiente, pelo trabalho decente, pela soberania, depende em última instância da política, ou seja, da relação dos governos com sua população e da relação entre governos quanto à definição de medidas protecionistas, em um contexto de deslocamento de hegemonias entre Estados Unidos, Europa e China. Mas o certo é que não se trata de buscar soberania limitada apenas às nações para produções de forte conteúdo tecnológico, mas necessariamente de soberania regional, europeia para os países da Europa, latino-americana para alguns países da América Latina, com o fortalecimento dos tratados regionais em vez de seu desmantelamento.

O choque econômico, social e político, no entanto, é tão grande que parece difícil aceitar um retorno às práticas anteriores. O resultado é político. A insatisfação com a relativa incapacidade dos governos de superar a crise e limitar suas consequências sociais provavelmente alimentará posturas populistas (Capítulo 4). A oposição entre governos e empresas transnacionais está agora tomando forma em questões de soberania. A hiperglobalização resultou no aumento do poder das empresas transnacionais em detrimento dos governos nacionais. Essa prática resultou em lucro, pago em grande parte aos acionistas, com o preço da perda da soberania nacional. A crise trouxe à tona essa perda de soberania que estava oculta e não era visível. Resulta no retorno do Estado em detrimento das empresas multinacionais, mais ou menos pronunciado dependendo do setor econômico. Ela revelou a extrema fragilidade da hiperglobalização. Ela agravou o conflito comercial e até político entre os Estados Unidos e a China.

CAPÍTULO II

POR QUE OS PAÍSES LATINO-AMERICANOS SOFREM COM A ESTAGNAÇÃO ECONÔMICA DE LONGO PRAZO?

2.1 Introdução

Um contexto desfavorável para resistir aos efeitos da pandemia

A disseminação global do vírus SARS-CoV-2 precipitou, e não provocou, uma crise econômica, social e política muito significativa na América Latina, mais grave do que a dos anos 1930.

De fato, em muitos países a crise existia antes do início da pandemia: é o caso da Argentina, Venezuela e México, que entraram em recessão em 2019. Em outros países, nos quais uma desaceleração da atividade econômica já podia ser observada há bastante tempo, todas as economias sofreram com uma tendência de estagnação no crescimento de seu PIB per capita. Se considerarmos que a pandemia causou uma crise econômica, pensaríamos que, uma vez passado o contágio, seria possível "recomeçar", tendo desaparecido a causa exógena da crise. Esta não é a tese que desenvolvemos neste capítulo.

A pandemia, *via* medidas de confinamento e o fechamento de empresas que não as essenciais à vida quotidiana e à saúde, evidenciou as disfunções da hiperglobalização. Essa pandemia é um indicativo do fracasso da globalização que se espraiou e impôs suas regras do jogo nos últimos vinte anos. A ironia da história é que a crise da globalização aconteceu onde nenhum economista, nenhum sociólogo ou nenhum político esperava. Nenhum. Mesmo que agora alguns estejam tentando fazer de conta que o planejaram.[18] Ninguém pensava que as novas formas da globalização, nomeadamente a desagregação internacional da cadeia de valor, poderiam enfraquecer as várias economias a ponto de as tornar extremamente vulneráveis. Os teóricos do caos haviam mostrado que o bater das asas de uma borboleta poderia causar um colapso na metade do mundo e que essa espada de Dâmocles poderia cair a qualquer momento e causar desastres. Mas essa tese, aplicada às finanças, não foi dirigida à globalização. Bastou uma pandemia para o atual sistema econômico entrar em colapso com um efeito cascata alimentando-se mutuamente. A incapacidade de abastecer segmentos da cadeia de valor internacional em um lugar (China, a primeira afetada pela pandemia, o fechamento da maioria de suas fábricas[19] e as consequências do confinamento da população à exceção dos que trabalham nos setores do saúde, alimentação e transporte), leva em outros lugares, em outros países, a paralisações de produção mais ou menos importantes, a um aumento no desemprego e, portanto, uma queda na demanda, precipitando uma depressão econômica nas economias já enfraquecidas. Essa "batida de asa de borboleta" revela, antes de tudo, que a desindustrialização, simétrica dessa globalização, é desastrosa em termos de

---

[18] Claro, houve muitas críticas à globalização, seja da direita, muitas vezes extrema, ou da esquerda. Alguns, expondo sua concepção de Nação, defendiam um retorno ao protecionismo que ora se comparava à autarquia; outros, mais à esquerda e por vezes ligados a partidos verdes, pleiteavam uma outra-globalização, recusando fronteiras e buscando uma cooperação entre os Estados para impor padrões éticos (trabalho decente) e ambientais muito mais rigorosos.

[19] Com algumas exceções: a fábrica de componentes de memórias para computadores de Wuhan continuou a operar no meio do período de confinamento e, de forma mais ampla, a que produzia circuitos integrados, embora a demanda ocidental tenha enfraquecido.

soberania – especialmente e principalmente na indústria farmacêutica – e acarreta um acúmulo de mortes.

A crise tem várias dimensões. Ela não chega em um "corpo saudável" pronto para se recuperar após a pandemia passar. As consequências sociais, já significativas, serão extremamente graves, pois é verdade que uma crise atinge sobretudo os mais vulneráveis, um pouco menos as classes médias, e muito menos as camadas superiores, em termos de rendimentos e de riqueza da população. Como qualquer crise, essa vai acentuar as desigualdades de renda: mais pessoas pobres, mais informalidade e possivelmente mais violência. A pandemia está exacerbando todos os males que já existiam antes de ela aparecer. O contexto desfavorável e a exacerbação das dificuldades indicam que a perspectiva de uma recuperação em L em vez de V seja a mais crível, a menos que a crise cause convulsões sociais e políticas susceptíveis de modificar profundamente essas perspectivas pessimistas.

Recuperação em V e recuperação em L

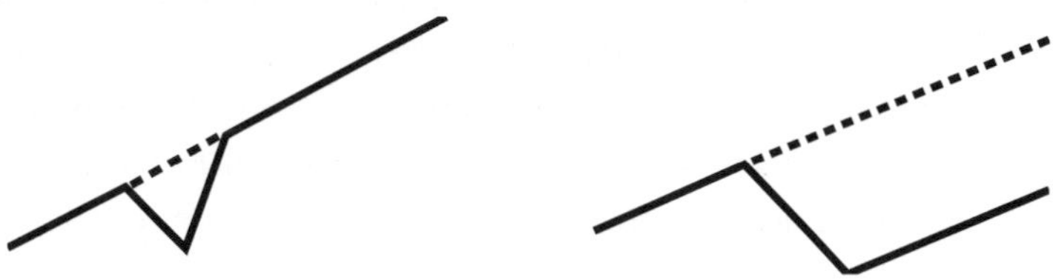

Os países latino-americanos têm diferenças e semelhanças

Alguns países têm grandes populações (Brasil com 207 milhões de habitantes, México com 132 milhões), enquanto outros, como o Uruguai ou os países da América Central, são relativamente pouco povoados. O PIB per capita é alto no Brasil, Argentina, México (entre um quarto e um terço do dos Estados Unidos) etc., um pouco menos na Colômbia e no Peru, muito menos em outros países. Alguns países são ricos em recursos naturais, outros muito menos. Por fim, as populações não têm todas a mesma origem étnica, mais europeias no cone sul da América Latina, mais de origem indígena nos países andinos, na

América Central e no México ou de origem africana em outros países, como o Brasil e os países do Caribe. Suas histórias não são exatamente semelhantes, embora ao longo do Século XX os mais importantes deles possam ter tido experiências semelhantes tanto em nível político (Perón na Argentina, Vargas no Brasil, Cárdenas no México) e no nível econômico (regime de crescimento voltado para o mercado interno conhecido como substituição de importações).

Do ponto de vista estrutural, a maioria dos países latino-americanos tem muitos pontos em comum que constituem de alguma forma as oito pragas da América Latina:[20] 1. Desigualdades muito significativas de riqueza e renda; 2. Uma consequente informalidade de empregos e uma elevada taxa de pobreza; 3. Reprimarização da economia; 4. Deterioração significativa do meio ambiente; 5. Maior abertura financeira do que abertura comercial; 6. Desindustrialização precoce; 7. Tendência à estagnação econômica; 8. Um nível de violência extremamente alto, especialmente no México, Brasil, El Salvador, Honduras e Guatemala.

Quanto mais baixa a taxa de crescimento do PIB, menor é a mobilidade social, e isso ainda mais se os gastos com educação continuarem insuficientes. A análise das causas que levam à estagnação econômica é o tema deste livro. Com um tecido industrial enfraquecido, os países latino-americanos serão capazes de demonstrar resiliência diante da pandemia de Covid-19 e seus pesados efeitos econômicos e sociais, em que condições?

2.2 Uma tendência à estagnação econômica: dados estatísticos

a. Os países latino-americanos no longo prazo não são países emergentes

A definição básica de emergência é a convergência dos níveis do PIB devido a um crescimento maior que o observado nos países

---

[20] SALAMA, Pierre. "Notas sobre las ochos plagas latino-americanas". *Revista de ALAS*, 2020. Disponível em: http://ojs.sociologia-alas.org/index.php/CyC/article/view/155/180. Acesso em: 12 de maio de 2021.

avançados. Na América Latina, esse não é o caso, exceto na primeira década dos anos 2000.

As taxas médias de crescimento per capita de longo prazo para a maioria dos países latino-americanos estão entre 0 e 2%. Especificamente, a taxa de crescimento do PIB *per capita* do México foi, entre 1983 e 2017, de 0,8%. Nos Estados Unidos, no mesmo período, foi de 1,7%, segundo dados do Banco Mundial. Ao contrário da *doxa*, se focarmos na taxa de crescimento *per capita*, o México não é uma economia emergente, seu nível de PIB não se aproxima dos países avançados[21]. O mesmo é verdade para a Argentina. Sua marginalização percorreu um longo caminho. Em 1913, a renda *per capita* da Argentina era de 65% da Grã-Bretanha. Em 1945 estava em 60% e em 2001 em 39%. A comparação com a renda *per capita* dos espanhóis é ainda mais eloquente. Em 1913 era quase cinco vezes maior (393%) que dos espanhóis e em 2001, ano de crise, mal chegava à metade (51%). Seja o diferencial de crescimento da renda *per capita* ou da produtividade, uma comparação com os Estados Unidos é instrutiva.

Crescimento do PIB e diferenciais de produtividade Estados Unidos – Argentina

	1900-1919	1920-1930	1931-1943	1944-1972	1973-1990	1991-2007
Diferença do PIB per capta	-1	2.6	-6.6	2.2	-2.3	0.0
Diferença da produtividade do trabalho	0.4	1	-4.9	1.4	-1	-2.6

Fonte: G. Della Paoloera *et alii*, 2018, a partir de dados oficiais reconstruídos por Benetrix *et alli*, 2012.

21 O México é quase um caso clássico. Apesar de sua abertura externa, supostamente para impulsionar seu crescimento de acordo com especialistas de instituições internacionais e muitos economistas tradicionais, a taxa de crescimento do PIB per capita mexicano tem sido muito menor do que a dos Estados Unidos no mesmo período.

Podemos, portanto, caracterizar os últimos quarenta anos por uma tendência à estagnação do PIB *per capita*, mais particularmente no México, embora a maioria dos países tenha experimentado uma ligeira recuperação durante a primeira década dos anos 2000 (Grupo Técnico de Expertos 2020, J. Ros, J.C. Moreno-Brid, *in* R. Cordera, 2014, J.A. Romero Tellaeche, 2014). Ao contrário de uma ideia geralmente difundida, essas economias têm sido pouco ou não-emergentes. Portanto, dificilmente convergiram para o nível de renda *per capita* dos países avançados, ao contrário de muitos países asiáticos. O Brasil, um país emblemático tanto pelo peso econômico, pela influência da política do presidente Lula (2003-2011), pelo resultado das últimas eleições presidenciais à extrema direita ao poder em 2018, não conheceu essa convergência. Seu PIB *per capita*, medido em relação ao dos Estados Unidos, é quase o mesmo de 1960, embora estes, nas décadas de 1960-1970 e na primeira década dos anos 2000, tenham se aproximado.

Crescimento de longo prazo dp PIB *per capta* (1950-2017, 1950 =100)

	Argentina	América Latina	Estados Unidos	Europa Ocidental
1950	100	100	100	100
1960	111	125,14	118	141
1970	146	160,73	157	210
1980	165	211,35	194	274
1990	129	207,44	243	334
2000	169	263,03	300	415
2001	160	263,96	300	422
2002	141	266,85	303	426
2003	151	271,38	308	430
2004	160	283,35	316	441
2005	171	293,85	323	449
2006	183	307,17	328	462
2007	195	321,13	331	475
2008	200	330,51	327	473
2009	192	322,81	313	451

2010	206	339,55	319	457
2011	216	353,69	322	460
2012	212	365,27	326	459
2013	214	374,81	329	459
2014	207	378,76	334	466
2015	209	380,88	340	479
2016	202	380,30	343	485
2017	206	382,05	348	492

Fonte: OCDE, 2019, *Estudios economicos*, Argentina. Nota: Europa Ocidental inclui aqui: Áustria, Bélgica, Dinamarca, Finlândia, França, Alemanha, Grécia, Irlanda, Itália, Holanda, Noruega, Portugal, Espanha, Suécia, Suíça e Reino Unido; A América Latina inclui: Brasil, Chile, Colômbia, México e Peru.

De 1980 a 2016, o crescimento médio do PIB *per capita* foi em média 0,64%, inferior ao observado para todos os demais países latino-americanos, de 1,4% (D. Coatz, F. Garcia Diaz, F. Porta e D. Schteingart *In:* Mercado R., 2018 (editor).

A tendência de estagnação de longo prazo não se manifesta da mesma forma em todos os países. A taxa de crescimento é apenas uma média e a dispersão em torno dela difere de país para país. A Argentina, por exemplo, está experimentando uma volatilidade muito alta em seu crescimento, flertando com taxas bastante altas por vários anos, então mergulhando nas profundezas da crise; este é menos o caso do México ou do Brasil. Todos hoje têm dificuldade em se recuperar de uma crise.

b. Relação entre a dupla reprimarização-desindustrialização e a tendência à estagnação.

A reprimarização-desindustrialização pode levar a um ligeiro aumento da taxa de crescimento do PIB, inclusive acima de dez anos, mas também pode ser um dos fatores que no longo prazo explica o fraco crescimento, em primeiro lugar porque aumenta o vulnerabilidade externa, em seguida porque prejudica a lucratividade das empresas da indústria se nenhuma política industrial for implementada, como veremos.

A reprimarização sem desindustrialização significativa, devido à falta de um tecido industrial substancial, pode aumentar o crescimento do PIB, mas este permanece vulnerável, pois depende do preço das matérias-primas e das quantidades vendidas sobre as quais o país tem pouco controle (Peru).

Reprimarização das atividades econômicas

Nas últimas décadas, grande parte das economias semi-industrializadas que ontem conseguiram reduzir o peso relativo de suas exportações de matérias-primas em favor das exportações de bens industriais, se reprimarizam. O exemplo do Brasil, país rico em matérias-primas, é representativo: em 1997 as exportações de matérias-primas representaram 21,2% do total exportado e as de produtos da indústria de transformação 78,8%. Em 2019 esses dados são, respectivamente, 43, 3% e 56,7% (fonte IEDI n.974, 2020). Outros, como o Peru, que eram muito menos industrializados, desenvolveram fortemente suas especializações em produtos primários. Aqueles que eram pouco ou menos dotados de recursos naturais (América Central, México) "exportavam" parte de sua força de trabalho para os Estados Unidos.

Com a reprimarização na maioria dos países dotados de recursos naturais e as exportações de matérias-primas, as receitas transferidas ("remessas") – US $ 30 bilhões para o México em 2019 – por trabalhadores imigrantes nos Estados Unidos em outros países, e as entradas de capital líquidas de repatriação de dividendos e juros, as restrições externas caíram drasticamente nos anos 2000. Essa nova situação, que muitos economistas e funcionários do governo acreditavam ser sustentável, reforçou o comportamento rentista latente nos países. Esses comportamentos resultam em uma taxa de investimento insuficiente para permitir um crescimento elevado e sustentável, capaz de produzir uma melhoria significativa e duradoura na coesão social.

Formação bruta de capital fixo como % do PIB, em dólares de 2010, 2010-2018*

	2010	2011	2012	2013	2014	2015	2016	2017	2018*
América Latina	20.5	21.4	21.5	21.5	20.8	19.8	18.6	18.2	18.7
Argentina	16.6	18.4	17.3	17.3	16.5	16.7	16	17.5	16.9
Brasil	20.5	21.1	20.9	21.4	20.4	18.2	16.6	16	16.5
Colombia	21.1	23.4	23.3	23.6	25.2	24.2	23.7	22.6	22.8
México	21.6	22.5	22.7	21.7	21.7	22.1	21.7	20.9	20.6

Fonte: CEPAL*, dados provisórios. Entre 22 e 20% da FBCF é destinada à indústria. Observe que entre 20% e 22% da FBCF é gasto em investimentos.

2.3 A estagnação explicada pela corrente estruturalista latino-americana

a. Os países latino-americanos são profundamente desiguais e os que eram menos (Argentina, Chile...) assim se tornaram nos últimos trinta ou quarenta anos

As desigualdades são muitas, citemos as principais. Desigualdades entre pobres e ricos, entre quem não tem riqueza e quem a tem desde o nascimento, desigualdade nos impostos, desigualdade entre imigrantes, seus filhos e outros, desigualdade entre quem vai a uma boa escola e quem não tem outra escolha senão ir a escolas mais pobres, desigualdades entre homens e mulheres, desigualdades frente ao desemprego, desigualdade das condições de trabalho entre os que trabalham em pequenas ou grandes empresas, desigualdade entre quem tem emprego informal ou formal protegido, desigualdades segundo a cor da pele e, em geral, desigualdades de renda. A maioria dessas desigualdades se sobrepõe.

A distribuição da renda é muito mais desigual do que a dos países avançados. Pior, depois dos impostos diretos e das transferências sociais, enquanto o Gini – indicador das desigualdades – cai de dez a quinze pontos numa escala de 1 a 100 nos países avançados – sua redução na América Latina é de apenas dois pontos. Nenhum dos países implementou uma reforma tributária que reduzisse as desigualdades.

As desigualdades de renda tenderam a diminuir na década de 2000 até o início da crise para 95% da população ocupada. Os 5% mais ricos e principalmente o 1% mais rico[22] experimentaram, inclusive durante a primeira década dos anos 2000, um aumento em termos absolutos e relativos de suas rendas – ao contrário dos discursos oficiais – principalmente por causa do peso das finanças em crescimento. Com a crise da segunda metade da década de 2010 – afetando principalmente o Brasil, Argentina, Venezuela – e a desaceleração econômica (México...), as desigualdades de renda estão aumentando e a pobreza está crescendo novamente.

Evolução das desigualdades de renda no Brasil de 1981 a 2018

Quando dividimos a população entre os 30% mais pobres de um lado, os próximos 40% considerados de classe média e os 30% mais ricos, observamos uma tendência contrastante entre a renda familiar (salários e transferências sociais) e renda de capital (aqui designando a renda dos trabalhadores denominados autônomos, conhecidos como "por conta própria"). Em 37 anos, entre 1981 e 2018, a renda familiar dos pobres aumentou 42% e a renda do capital (empregados por conta própria) 106,8%, as das classes médias aumentaram 25,2% e 108,9%, respectivamente, e, finalmente, as dos 30% mais ricos aumentaram 13,7% e 68,3%. Estes dados são explicados para os 30% mais pobres, por um lado, pelo forte aumento do salário mínimo (1/3 deles tem emprego formal e se beneficia diretamente deste aumento e do aumento das transferências sociais), por uma maior participação das mulheres na força de trabalho, por uma melhoria no sistema educacional e principalmente pela transição demográfica, as famílias dos 30% mais pobres viram seu tamanho aumentar de 7 para 4,5 pessoas vivendo sob o mesmo teto, enquanto esse número passou de 5,5 para 3,5 para as classes médias e de 3,8 para 3 para os 30% mais

[22] SALAMA, Pierre, 2015. Tradução francesa, 2016. Ver também MEDEIROS, M. *et alii*, 2014; AFONSO, J. R., 2014; MORGAN, M., 2018, ver o relatório de Iguales--Oxfam, 2018.

ricos. Essa maior redução em termos relativos do número de filhos por família para os 30% mais pobres não se traduz em um aumento proporcionalmente mais substancial de sua renda *per capita*. Finalmente, de 1981 a 1994 a hiperinflação afetou mais particularmente a renda familiar dos mais pobres (-30% para os mais pobres, -15% para os 30% mais ricos) ; com o fim da hiperinflação em 1994, uma fração dos mais pobres recuperou "mecanicamente" o poder de compra. Entre 1993 e 2018, o aumento da massa salarial/rendimento familiar dos 30% mais pobres será de 142% e dos 30% mais ricos de 72%, sendo estes aumentos explicados pelos dois fatores acima mencionados e pelo fim da hiperinflação para os primeiros e baixo crescimento da produtividade para os segundos. (Fonte: IBGE, *in O Valor Econômico* de 21 de fevereiro de 2020).

b. Em mais de um aspecto, a corrente estruturalista foi iconoclasta e inovadora.

De mais de um ponto de vista, a corrente estruturalista tem sido iconoclasta e inovadora. Ao contrário das teses desenvolvidas pelo FMI, essa corrente, que dominou a CEPAL[23] entre as décadas de 1950 e 1970, destaca as estruturas de inércia[24] para explicar os entraves ao desenvolvimento. Ao contrário das ideias dominantes nos anos 1950 a 1980, os economistas da CEPAL – economistas conhecidos como neo-*Cambridgiens*, dependentistas e/ou marxistas – mostram que as economias semi-industrializadas não sofrem de falta de capital e uma abundância de trabalho. Pelo contrário, de acordo com essas tendências, sofrem de ociosidade de produção, proporcionalmente maior do que

---

[23] Comissão Econômica das Nações Unidas para a América Latina.

[24] As principais são as desigualdades de renda, a estruturação de grupos e classes sociais, a economia mundial pensada como estruturada e hierárquica, com o centro de um lado e a periferia do outro. Ver as análises de R. Prébish, A. Pinto, C. Furtado, O. Sunkel ou mesmo Noyola de la Cepal, ver O. Rodriguez, 1988, e em língua francesa H. Guillen Romo, 1994, de J. Weiler, 1965, onde o autor, criticando a tese das vantagens comparativas baseadas em uma abordagem estática, privilegia a dinâmica que consiste em apostar em novas estruturas.

nos países avançados, e de falta de mão de obra qualificada. Na verdade, são obrigados a usar técnicas de produção mais ou menos semelhantes às vigentes nos países avançados e, portanto, "desperdiçar" um capital supostamente escasso. É esse paradoxo, em relação aos ensinamentos dominantes, que a corrente estruturalista latino-americana busca explicar. É aqui que reside o seu aspecto original e inovador. Destas análises conclui-se que a saída da crise não passa pela contenção da demanda, mas sim por uma política de promoção do desenvolvimento industrial orientada para a satisfação do mercado interno. Para ser eficaz, deve-se basear na reforma agrária e na redução das desigualdades de renda.

As explicações teóricas da tendência à estagnação foram desenvolvidas principalmente por C. Furtado (1966), em duas formas. A primeira acabou sendo irrelevante. A segundo recuperou alguma relevância.

Sua primeira tese destacou a impossibilidade de dar continuidade ao processo de substituição de importações pesadas (bens intermediários, bens de capital), devido à crescente rigidez da estrutura das importações. Segundo esse raciocínio, a restrição externa, antes fonte de dinamismo ("crescimento impulsionado pelo mercado interno"), está gradativamente se transformando em seu oposto. Com efeito, a continuação do processo em sua segunda fase, aquela qualificada de pesada, vai gerando gradativamente importações de bens de capital e produtos intermediários de tal forma que o valor dos bens importados acaba superando o dos bens a serem substituídos pela produção local. Como os países da periferia semi-industrializada não conseguem se endividar o suficiente, a relativa falta de divisas impossibilita a conversão plena de dinheiro em capital no setor industrial, devido à impossibilidade importar bens de capital em quantidade suficiente. O aumento resultante nos preços relativos dos bens de capital também torna o investimento na indústria mais caro e o dinheiro é então direcionado para outras formas de valorização que requerem menos importações, como imóveis ou o consumo de produtos de luxo, em detrimento do investimento industrial. A taxa de crescimento da Formação Bruta de Capital Fixo desacelera, o consumo improdutivo aumenta e o comportamento rentista dos empresários se acentua.

A fragilidade dessa demonstração decorre do fato de pressupor a existência de obstáculos diretos ao endividamento externo. Essa avaliação revelou-se equivocada, uma vez que esses países se envolveram em um forte processo de endividamento externo na década de 1970, em particular e especialmente sob a ditadura no Brasil entre 1964 e 1979.

A segunda explicação da tendência de estagnação apresentada por Furtado refere-se ao crescente divórcio entre uma distribuição de renda, não só particularmente desigual mas que se torna cada vez mais desigual, e as crescentes dimensões mínimas ótimas da oferta de certos produtos ditos "dinâmicos" destinados a uma demanda insuficiente em termos absolutos.

Mais precisamente, do lado da demanda, quando a produção se torna mais complexa e requer não apenas maior intensidade de capital, mas também uma força de trabalho mais qualificada e melhor paga do que durante a primeira fase de substituição das importações de bens leves, a distribuição da renda entre os trabalhadores torna-se mais desigual. Do lado da oferta, as capacidades mínimas de produção ideais tornam-se mais importantes, especialmente para bens intermediários e bens de consumo duráveis, como automóveis. O tamanho da oferta desses bens corresponde cada vez menos ao das demandas, às das insuficientemente numerosas classes médias e às das empresas. As capacidades ociosas de produção aumentam nestes segmentos da oferta, aumentando os seus custos unitários.

O aumento da capacidade ociosa de produção no setor de bens duráveis afeta a lucratividade. Apesar do protecionismo de que gozam as empresas do setor, elas estão, em parte, sujeitas às restrições de competitividade. Uma reforma agrária e menores desigualdades de renda podem permitir sair dessa armadilha e escapar da estagnação econômica. Em vez disso, um golpe de Estado, que visa baixar os salários reais dos trabalhadores, que não são consumidores desses bens, é "bem-vindo" para as camadas mais conservadoras na medida em que reduz o custo da oferta de bens e serviços sem afetar a demanda e possibilitam o relançamento de um regime de crescimento excludente, impulsionado pelo *boom* de bens de consumo duráveis e do consumo da classe média.

Nos últimos trinta anos, a polarização da renda a favor dos 5% mais ricos da população explica melhor a tendência rentista dos investidores, a modesta taxa de crescimento desde os anos 1990 e a alta volatilidade do crescimento das economias latino-americanas. É, portanto, uma combinação de vários fatores – retirada do Estado, efeitos perversos das finanças sobre o investimento produtivo e sobre a polarização em favor das altas rendas – que explicariam sobretudo a fragilidade do crescimento médio e seu aspecto particularmente volátil desde os anos 1990.

c. Quais atualizações?

1. É comum considerar que quanto maiores as desigualdades, menor o crescimento. Na verdade, isso nem sempre é correto. Vejamos um exemplo histórico: o advento da ditadura no Brasil, no final da década de 1960, permitiu reduzir bastante o custo da mão de obra dos trabalhadores e superar a tendência à estagnação que começava a despontar. Dado o grau de desigualdade de renda e o nível de sua renda, os trabalhadores não tinham acesso aos bens de consumo duráveis mais caros, como automóveis. Representando apenas um custo, a queda de seus salários foi benéfica para as empresas produtoras desses bens, que encontraram demanda suficiente da classe média devido ao seu nível de renda e ao seu número (20% de 100 milhões habitantes não tem a mesma importância econômica que 20% de 10 milhões de habitantes). A melhoria de sua rentabilidade (redução do custo da mão de obra dos trabalhadores, ausência de efeitos da demanda por parte deles, importância da demanda das classes médias voltadas principalmente para o consumo de bens duráveis) possibilitou o aumento do investimento nesse setor e, com isso, o aumento da contratação de executivos passíveis de comprar esses bens duráveis, aumentar o crescimento e, assim, aumentar os salários dos trabalhadores no longo prazo. No entanto, esse crescimento não é sustentável. Ignorando a ética mínima, as crescentes desigualdades prejudicam a sustentabilidade do desenvolvimento, visto com o esgotamento da ditadura abrindo caminho para o retorno à democracia. As exigências de um salário indireto (maior seguridade social), mais educação, etc., tornam-se apelos para a recuperação da coesão social.

2. O favorecimento da abordagem orientada à demanda é relevante em uma economia fechada, mas é menos relevante se levarmos

em consideração a atual globalização comercial. A demanda é mais ou menos interna e mais ou menos externa dependendo do tamanho do país e do seu grau de abertura. Nas economias latino-americanas relativamente fechadas, a priorização da demanda interna é relevante se, no entanto, os aumentos do poder de compra forem compensados por uma política industrial que visa aumentar o crescimento da produtividade do trabalho e manter o câmbio depreciado de forma a preservar um mínimo de competitividade.

Economias relativamente fechadas, mas dependentes e cada vez mais vulneráveis

Ao contrário de muitas economias asiáticas, as da América Latina são relativamente fechadas ao comércio internacional, participam pouco das cadeias de valor internacional – com exceção do México e de alguns países da América Central – mas em geral muito abertas a fluxos financeiros. Do ponto de vista empresarial, elas se abriram ao ritmo médio de abertura global. Os direitos alfandegários são particularmente altos sobre bens de capital e produtos intermediários e estão caindo relativamente menos do que na Ásia.

De modo geral, nos primeiros dez anos deste novo milênio, a globalização na América Latina teve efeitos positivos: menos dívida externa, mais crescimento, menos inflação, exceto na Argentina, orçamentos mais controlados, maior salários reais e menos pobreza. No entanto, seus países entraram em uma crise profunda da qual é difícil sair (Brasil, depois Argentina e, em menor medida, México em 2019) ou uma desaceleração da atividade econômica. Eles conhecem todos os efeitos perversos da globalização, nomeadamente uma fragmentação no interior de cada nação entre as regiões que "ganham" e as que perdem com as suas manifestações no aumento do desemprego, de forma mais pronunciada entre os jovens[25], e na incapacidade de retornar aos níveis salariais anteriores à crise para Brasil e Argentina.

[25] Veja OIT, 2019, a taxa de desemprego juvenil é três vezes maior do que a média da população adulta.

A restrição externa é uma das pragas vividas pelos países latino-americanos. Sua alta vulnerabilidade está na origem de fortes desvalorizações de suas moedas, desvalorizações seguidas de crises e depois recuperações econômicas. Claro, podemos considerar *a priori* que apesar da desindustrialização, à qual voltaremos, a crescente incapacidade de exportar produtos complexos – ao contrário de muitos países asiáticos – pode ser compensada por um *boom* nas exportações de matérias-primas. É verdade que entre 2000 e 2014 aproximadamente, o constrangimento externo pode desaparecer ou diminuir devido tanto ao aumento do preço das matérias-primas como aos volumes exportados para países asiáticos em forte crescimento e parcialmente privados de matérias-primas. No entanto, a miragem dura pouco e os seus efeitos são deletérios em vários aspectos: a reprimarização prejudica a rentabilidade das empresas e promove a desindustrialização através da subida das taxas de câmbio. Ao contrário da produção de bens onde a competitividade depende de fatores que podem ser controlados no país, como, por exemplo, as políticas que favorecem as inovações, as políticas sociais e de formação que permitem a mobilidade, mesmo a flexibilidade do trabalho, a abundância de divisas da exportação de matérias-primas atrasa as reformas estruturais necessárias.

Em um contexto de economias que se abrem ao comércio exterior, as condições de produção para o mercado interno em termos de competitividade devem se aproximar e eventualmente se alinhar às vigentes no mercado externo.[26] Ou seja, não respeitar essas restrições é condenar-se a ver desaparecer segmentos inteiros da indústria por falta de competitividade suficiente, ou a praticar um protecionismo de

---

[26] SALAMA, Pierre. *Les économies émergentes latino-américaines, entre cigales et fourmis*. Paris: A. Colin, 2016; SALAMA, Pierre. *O Le Brasil em retrocesso?*, Revue Caderno do desenvolvimento. vol. 14, n. 24, 2019, pp. 177-224; SALAMA, Pierre. *Argentina, para avanzar sin retroceder*, Herramienta, n. 62, 2019, pp. 119-145; LÓPEZ, Caterine Brest; DÍAZ, Fernando García; RAPETTI, Martín. *El desafio exportador de la Argentina*, documento de trabajo n. 110. CIPPEC, 2019, pp. 1-32.

qualquer maneira rentável para os empresários, mas protetor apenas no curto e médio prazo para os trabalhadores. Por outro lado, eventualmente alinhar-se com as condições de produção vigentes no exterior é tanto usar de protecionismo agressivo quanto exigir do Estado uma política industrial que permita o surgimento de uma produção dinâmica com densidade tecnológica crescente e alta elasticidade da demanda em relação à renda, com probabilidade de adquirir participação de mercado no exterior e aliviar restrições externas.

2.4 As teses "para-keynesianas" podem ser aplicadas a economias semi-industrializadas?

a. A tendência de estagnação nas economias avançadas tem essencialmente duas origens: excesso de poupança, por um lado, e política monetária ineficaz, por outro.

A principal razão para o excesso de poupança é o envelhecimento da população e as crescentes desigualdades. A população está envelhecendo, mas os idosos economizam mais do que os trabalhadores. As desigualdades de renda e riqueza aumentam significativamente devido ao peso crescente das finanças, das mudanças tecnológicas e quando são decididas medidas fiscais que reduzem os impostos das categorias mais ricas. Este desenvolvimento é, em geral, um tanto compensado por transferências sociais em favor dos mais pobres, mas isso ocorre muito menos na América Latina.

Regressividade fiscal muito pouco compensada por transferências sociais no Brasil

Estudos recentes confirmam e esclarecem o efeito positivo relativamente pequeno dos impostos líquidos de transferências. Birdsall *et al.*, 2014[27] distinguem assim quatro tipos de renda: 1. Renda primária, ou seja, toda a renda recebida por indivíduos, ativos ou

[27] BIRDSALL, Nancy; LUSTIG, Nora; MEYER, Christian. "The Strugglers: The New Poor in Latin America?" *World Development*. vol. 60, 2014, p. 8.

inativos, 2. Renda disponível, ou seja, renda primária menos impostos diretos e mais transferências em dinheiro, 3. Renda pós-impostos, ou seja, renda disponível menos impostos indiretos líquidos de subsídios e, finalmente, 4. Renda final, incluindo uma estimativa monetária das despesas públicas em saúde e educação. No Brasil em 2009, as transferências condicionais de dinheiro sendo mais importantes para os pobres (aqui menos de 4 dólares, medidos em Paridade do Poder de Compra – PPC - por dia[28]) e os impostos diretos quase zero, sua renda disponível aumentou (+ 33%). A das categorias vulneráveis (entre 4 e 10 dólares PPC por dia) aumenta (+ 8,4%) enquanto o dos mais ricos (mais de 50 dólares PPC por dia) diminui (- 6,2%) na medida em que estes últimos pagam impostos diretos, e o das classes médias (entre 10 e 50 dólares PPC por dia) permanece relativamente estável (+ 1,1%). A incidência de impostos indiretos difere muito entre os grupos de renda. A renda pós-impostos dos pobres aumenta 15,1% em relação à renda primária ou, em outras palavras, a diferença entre a renda primária e a renda disponível é cortada pela metade devido ao pagamento de impostos diretos. A renda pós-impostos das classes médias é reduzida em 14% e a dos mais ricos em 20,7% em relação à sua respectiva renda primária. No final, as desigualdades diminuem ligeiramente. Somente se considerarmos a renda final, observamos uma forte progressividade que beneficia os pobres e os vulneráveis: essa renda é 125,8% maior do que a renda primária dos pobres, 23,2% das categorias vulneráveis, mas - 6,6% para as classes médias e - 19,7% para os ricos.

[28] Paridade de Poder de Compra: A taxa de câmbio da Paridade de Poder de Compra (PPC) é calculada com base em um princípio simples: uma cesta de bens similares deve ter o mesmo preço independentemente do país. A quantidade de Yuans necessária para obter esta cesta na China, por exemplo, é então comparada à quantidade de dólares necessária para obtê-la nos Estados Unidos. A partir desta comparação, a taxa de câmbio PPC é derivada. Isto é mais confiável do que a taxa de câmbio atual para se fazer comparações. Na verdade, basta que haja uma desvalorização em relação ao dólar para que o PIB per capita caia (e vice-versa). Também é mais confiável do que a taxa de câmbio constante porque o ano base pode ser uma taxa de câmbio em apreciação ou depreciação em relação ao dólar.

De acordo com essa escola de pensamento, o aumento da desigualdade aumenta a taxa geral de poupança, com os grupos mais ricos poupando mais do que os menos afortunados. Com isso, os fundos para empréstimos crescem, fazendo com que as taxas de juros caiam significativamente. Essa queda nas taxas de juros não tem o efeito de reduzir a poupança e promover o consumo ou o investimento ao contrário dos ensinamentos da corrente neoclássica.

De acordo com Summers (2014, 2019), a política monetária não é mais efetiva hoje. A manipulação da taxa de juros compatível com pleno emprego e baixa inflação (FERIR)[29] perdeu sua eficácia. Essa taxa de juros diminuiu substancialmente nos países avançados, embora o crescimento não tenha se tornado permanentemente mais forte. Reduzir a taxa básica de juros para promover um maior crescimento e escapar dos efeitos depressivos do excesso de poupança levaria a uma maior instabilidade financeira. O pleno emprego, uma taxa de crescimento mais alta e a estabilidade financeira não podem ser obtidos simultaneamente pelo simples jogo da taxa de juros. Resta, portanto, favorecer a política fiscal, uma vez que a demanda efetiva está se tornando insuficiente para gerar investimentos que provavelmente promoverão um forte crescimento. Desse ponto de vista, essa é uma tese keynesiana ainda que ela se afaste da análise da determinação das taxas de juros. A política fiscal pode reativar a atividade econômica e ajudar a escapar da tendência de estagnação.[30] Esta tese, portanto, favorece a demanda em vez da oferta para explicar a tendência à estagnação.

Esta tese se contrapõe àquela que, com base na oferta, considera que a queda da produtividade total dos fatores – produzida por causas exógenas – explicaria tanto a queda do crescimento potencial quanto a

---

29 FERIR é acrônimo de *"full employment real interest rate"*.

30 Ela aparentemente não é a única. O aumento dos empréstimos a pessoas com rendas modestas tem um efeito duplo no curto prazo: um aumento da demanda que provavelmente aumentará a taxa de crescimento apesar da estagnação dos salários reais, ou mesmo sua redução, e o aumento das desigualdades de renda, e a possibilidade de construir produtos financeiros complexos, sujeitos à forte especulação e ganhos. Maior financeirização e alto crescimento são compatíveis até não serem mais compatíveis, como mostrou a chamada crise do "subprime" (2008).

redução do crescimento efetivo, o declínio da produtividade do trabalho ocasionando a redução dos salários reais e, por sua vez, o declínio da taxa de crescimento. Na chamada tese da demanda, a que defendemos, a origem da queda do crescimento não é de natureza exógena. A liberalização do mercado de trabalho, a quarta revolução tecnológica a favor da polarização do emprego e da renda, a financeirização e a transformação da pirâmide etária acabam por causar queda dos salários reais – ou seu lento aumento – e as crescentes desigualdades de renda do trabalho. O déficit na demanda efetiva leva a uma redução relativa da acumulação devido à existência de fatores de atração para a financeirização – o "investimento" financeiro é considerado poupança – uma queda no crescimento potencial e uma redução no crescimento da economia e de sua produtividade, ou mesmo um aumento nas capacidades de produção ociosas.[31] Isso aumenta os custos de produção e reduz as margens, a menos que possa ser compensado por uma redução ou um pequeno aumento nos salários reais.

b. Essa teoria não é relevante para os países latino-americanos?

A "taxa de juros compatível com pleno emprego e baixa inflação" (FERIR) não é uma ferramenta analítica relevante para os países semi-industrializados e, em geral, para os países em desenvolvimento. O pleno emprego ignora a importância da informalidade nos países latinos emergentes. Isso está longe de ser marginal. Uma queda nas taxas de juros diminui a atratividade do país do ponto de vista financeiro, um atrativo em si mesmo, porém uma fonte de instabilidade financeira (interna e externa) e desindustrialização. Sua moeda não é uma moeda-chave e, como Haussmann apontou, é um pecado original e alguns deles, como o Brasil, praticam uma política de taxas de juros altíssimas há várias décadas. Só recentemente este país começou a alinhar-se com os países avançados, reduzindo drasticamente a sua taxa de juro básica, sem que isso tenha tido um efeito positivo no crescimento, que continua muito modesto. O

---

31 SALAMA, Pierre. *Argentina, para avanzar sin retroceder*, Herramienta, n. 62, 2019, pp. 119-145.

único efeito positivo terá sido a redução dos encargos da dívida pública, o que não é desprezível.

Significativa informalidade do emprego e pobreza

Os empregos informais são bastante expressivos, assim como as taxas de pobreza absoluta. Por outro lado, empregos formais – empregos públicos incluídos – em 2015 são mais frequentemente significativos. Eles variam de 30% do total de empregos na Bolívia, a 37% no Peru, 42% na Colômbia, 53% no Brasil, a 54% e 62%, respectivamente, no México e na Argentina.[32] A informalidade e a pobreza absoluta caíram na década de 2000, especialmente em países comandados por governos progressistas. Mas, com a crise recente, a informalidade e a pobreza voltaram a aumentar, especialmente na Argentina e no Brasil, assim como na Venezuela, profundamente afetada por uma crise econômica sem precedentes. Os gastos sociais (saúde, educação, pensões) aumentaram mais (Argentina, Brasil, Venezuela, etc.) ou menos (Colômbia, México, etc.), contribuindo para a redução estrutural da pobreza e o virtual desaparecimento do analfabetismo entre os jovens.

E a informalidade?

Em geral, a informalidade tem duas origens na América Latina: 1. A primeira decorre de relações de produção específicas: autoritarismo – o paternalismo predominou até recentemente no campo e nas pequenas cidades. O emprego assume, então, aspectos de favor, principalmente nas pequenas empresas, que fazem com que quem o encontre passe a entender-se como um devedor ao empregador. Este não precisa registrá-lo, paga-lhe a menos e impõe-lhe as chamadas condições de trabalho não-decentes, em violação às leis trabalhistas. A contrapartida desse autoritarismo é o paternalismo: o empregador tem a obrigação "moral" de cuidar de seu empregado quando ele

[32] SCHTEINGART, Daniel. *El rompezadas del mercado laboral latino-americano*, Nueva sociedad, n. 275, 2018, pp. 92-106.

estiver doente. O fato é que, com a generalização das *commodities* e a ascensão do capitalismo, essa contrapartida vai desaparecendo gradativamente e então permanece o aspecto informal, ilegal *vis-à-vis* as leis que regulam a atividade laboral, a seguridade social e a tributação. 2. A taxa de investimento insuficientemente elevada, ao qual se acrescenta o crescimento demográfico e a migração do campo para as cidades. As empresas não podem então oferecer empregos formais em número suficiente. A busca pela sobrevivência, ainda que estritamente sobrevivência, faz crescer o emprego no âmbito da informalidade. Portanto, podemos considerar que não há um setor informal propriamente dito, mas um entrelaçamento de atividades formais e informais (empregos), um construindo sobre o outro e vice-versa. 3. Finalmente, novas formas de informalidade estão surgindo como resultado do surgimento de novas tecnologias. Graças à Internet e às plataformas, desenvolveram-se novas formas de trabalho conhecidas como "uberização de empregos", onde trabalhadores com o status de empresários autônomos trabalham nas condições mais precárias com uma proteção social muitas vezes muito fraca.

De maneira mais geral, com algumas exceções, os empreendedores são mais rentistas do que Schumpeterianos na América Latina. Esse comportamento "cauteloso" resulta em uma baixa taxa de investimento. Na história da América Latina, pelo menos nas décadas de 1950-1970, é mais frequentemente o Estado que substitui uma camada social em declínio e investe maciçamente. Quando o Estado se retira, como tem acontecido há cerca de trinta anos, então a taxa de investimento cai, o investimento público reduzido é insuficiente para remover os obstáculos ao crescimento sustentável e deixa de ser o complemento necessário para estimular o investimento privado. Resta a atração de financiamentos e investimentos no exterior.[33] Esse caráter rentista,

---

33 SHORR, Martin; WAINER, Andres. "La financiarizacion del capital, estrategias de acumulacion de las grandes empresas en Argentina, Brasil, Francia y Estados Unidos". *Futuro Anterior*, 2018. CORREA, Mariana Finello; LEMOS, Pedro de Medeiros; FEIJO, Carmem. "Financeirização, empresas não financeiras e o ciclo

enraizado na história dos países latino-americanos, está passando por mudanças. Menos presente quando o Estado intervém, mais destacado quando o Estado se retrai e o país volta a se especializar na produção de produtos ligados à obtenção de renda, que é o que veremos.

2.5 A desindustrialização explica a baixa taxa de crescimento do PIB *per capita* no longo prazo?

a. Uma visão geral dos locais onde as novas tecnologias são produzidas e utilizadas

Com a revolução digital, o custo unitário do poder de computação por segundo caiu exponencialmente desde 1950 e especialmente desde os anos 2000. As tecnologias de computação e digitais, integradas com outras tecnologias, melhoram o desempenho. Por fim, essas tecnologias abrem caminho para efeitos de rede[34] particularmente poderosos, de forma que a produção ocorre com retornos crescentes. Como observa o *Orientation Council for Employment*: "ao promover o surgimento de novos modelos, as tecnologias digitais deixam de ser apenas um novo elemento que permite ir mais longe em termos de automatização de tarefas e otimização dos processos produtivos: elas questionam radicalmente o funcionamento e a organização de determinados setores e permitem o surgimento de novos, o que suscita questões regulatórias" (2017, p. 15). Estamos, portanto, diante de uma ruptura profunda.

Em grande medida, o desempenho da inovação reflete o esforço feito em novas tecnologias. Em um estudo recente, Scott Kennedy (2017) apresenta o conjunto de índices compostos construídos para medir a inovação. Esses índices levam em consideração o esforço feito em pesquisa e desenvolvimento como percentual do PIB, o número de

econômico recente da economia brasileira". *Economia e Sociedade*. n. 26, 2017, pp. 1127-1148.

[34] Dizemos que existe um efeito de rede para uma atividade quando o valor do uso do produto ou serviço cresce com o número de usuários.

alunos matriculados em ciências, o número de publicações científicas, as exportações de produtos de alta tecnologia, o número de patentes e até a qualidade das Instituições, dentre outros. Os subíndices utilizados, seu número e sua ponderação diferem de acordo com os índices compostos calculados. O Índice Nacional de Inovação elaborado pelo Ministério da Ciência e Tecnologia da China lista 40 países, com a China em 18º lugar, um ligeiro aumento desde 2011. O índice compilado pela Bloomberg é baseado em 69 países. A China avançou entre 2014 e 2016 e atingiu o 21º lugar. O índice construído pelo Fórum Econômico Mundial reúne 135 países. A China ficou em 29º lugar em 2009 e 2016, com uma inflexão entre 2010 e 2015. O índice composto da Universidade de Cornell, o INSEAD, que considera 128 países, é construído a partir de 103 índices. A China ficou em 25º lugar em 2016, com uma pontuação particularmente alta para subíndices como produção e conhecimento tecnológico (6º lugar) e baixa para a qualidade das instituições (79º lugar). Por fim, observamos que em 2016 a maior pontuação foi obtida pelos Estados Unidos, seguidos pela Alemanha e Coreia do Sul, depois pelo Japão, depois pela China, e bem para trás pela Índia e pelo Brasil.

Figura 1: Comparações e evolução do índice de inovação por país

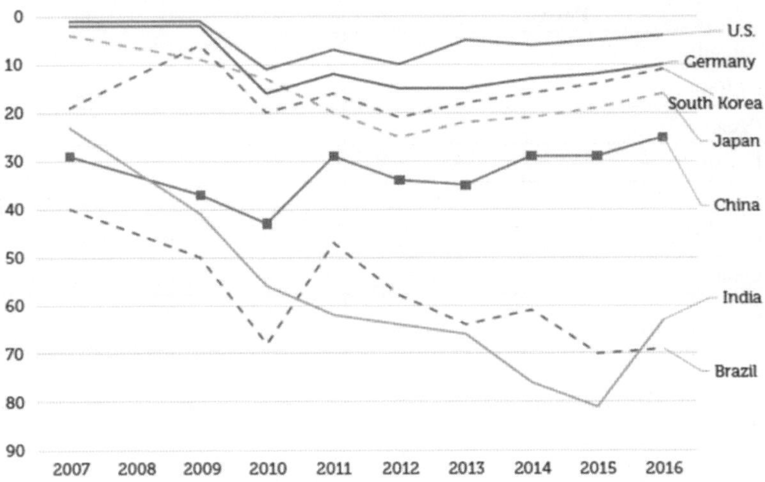

Fonte: Índice construído pela Universidade de Cornell.[35]

Quando nos limitamos ao esforço feito em Pesquisa e Desenvolvimento, observamos que a China destinou pouco menos de 1% do PIB em 2000 e pouco mais de 2,1% em 2016, muito atrás da Coreia do Sul (4,3%), Japão (3,4%) e países avançados (Alemanha e Estados Unidos: 2,9%), mas muito mais que o Brasil, 1,2% em 2014 ou Argentina, 0,6%, segundo o Banco Mundial e a Unesco. Quando medimos esse esforço em termos absolutos, a distância entre a China e o Brasil é muito maior. Essa diferença é de 12 para 1 na medida em que, com um PIB per capita equivalente (em PPC), sua população é sete vezes maior. É compreensível que os países "pequenos" devam dedicar mais recursos à pesquisa e ao desenvolvimento como porcentagem do PIB do que os países grandes (e ter uma política mais direcionada) se não quiserem perder a revolução industrial em curso. É o que acontece, por exemplo, com Coreia do Sul e Israel, que dedicam cada um 4,3% de seu PIB.

[35] KENNEDY, Scott. *The Fat Tech Dragon, Benchmarking China's Innovation Drive.* Center for Stratégic and International Studies, 2017, p. 14.

América Latina, Pesquisa e Desenvolvimento como porcentagem do PIB (2011)

Países	2004	2008
Paraguai	0.08	0.06
Colômbia	0.16	0.15
Panamá	0.24	0.21
Equador	0.07	0.25
México	0.40	0.38
Costa Rica	0.37	0.40
Chile	0.40	0.40
Cuba	0.56	0.49
Argentina	0.44	0.52
Uruguai	0.26	0.64
Brasil	0.90	1.09
América Latina e Caribe	0.53	0.63
OCDE	2.17	2.33

Fonte: Cepal e OECD (2012)

A ascensão da tecnologia digital e de suas aplicações é, portanto, profundamente desigual dependendo do país. Alguns países avançados estão na vanguarda na produção de novas tecnologias: Japão, Alemanha, Estados Unidos, especialmente a Suíça; alguns são altamente especializados em um pequeno número de tecnologias, como por exemplo Israel. Alguns países emergentes estão começando a alcançar esses países avançados: China, Coreia do Sul; outros países "emergentes" – Brasil, Argentina, México – são expulsos ou ameaçados de extinção[36], apesar de alguns carros-chefe usarem novas tecnologias importadas, como a Embraer no Brasil ou a Softtek no México.

[36] Sobre as dificuldades para que os países latino-americanos não sejam esmagados pela revolução digital e a necessidade de realizar reformas estruturais, ver: VALLADÃO, Abreu. "Climbing the Global the Golbal Digital Ladder: Latin America's Inescapable Trial". *Working paper*, 2017, pp. 1-18.

É preciso distinguir dois cenários: países que produzem novas tecnologias, disseminam-nas em seus tecidos industriais, nos serviços e entre os consumidores e aqueles que não as produzem, apenas as disseminam em seus tecidos industriais, seus serviços e consumidores. Os primeiros, ao produzir essas novas tecnologias, entram na divisão internacional do trabalho de maneira positiva. Suas exportações adquirem alta elasticidade-renda da demanda e competitividade sem custos. Estes últimos, se nos limitarmos aos países latino-americanos, encontram-se em situação menos favorável: se não aproveitarem esta difusão de novas tecnologias para modernizar seus aparatos produtivos e, em última instância, participarem de sua produção, sua integração à divisão internacional do trabalho torna-se regressiva devido à sua relativa incapacidade de exportar produtos complexos.[37]

O acesso a bens importados que incorporam novas tecnologias, incluindo bens de capital, depende cada vez mais dos preços das matérias-primas que vendem no exterior. Este risco de nova dependência pode limitar sua capacidade de investir quando se torna mais caro importar bens de capital. Este não é o único risco. Muitas vezes se escreveu que as revoluções industriais não resultaram em aumento do desemprego no médio prazo, precisamente porque tantos empregos foram criados para fazer novas máquinas. Se não produzirmos essas máquinas, o risco de não poder evitar o aumento do desemprego é real.

A América Latina está perdendo a revolução industrial em curso. A difusão de novas tecnologias em todo o mundo é mais rápida do que no passado, mas também é mais desigual entre e dentro das nações. É

---

[37] A complexidade das exportações de um país depende do esforço feito em pesquisa e desenvolvimento; quanto maior o esforço, maior a probabilidade de a economia produzir produtos complexos. As exportações têm duas características: sua onipresença e sua diversificação. A ubiquidade depende da escassez, que depende ou dos recursos naturais que o país possui ou não, ou da capacidade de produzir bens sofisticados que poucos países podem fazer. Apenas os últimos são levados em consideração. Para isolar esta última e construir um indicador de complexidade, buscamos usar a diversidade das exportações para medir o grau de ubiquidade e, portanto, de complexidade. Para a análise da complexidade, ver o trabalho de Hausmann, Hidalgo *et al.* (2014). XIAODAN, Ding; HADZI-VASKOV, Metodij Hadzi-Vaskov. "Composition of Trade in Latin America and the Carabbean". *Working paper WP/17/42 IMF nouvelles technologies*, 2017.

mais lenta na América Latina, inclusive nos países mais poderosos do subcontinente americano, como Brasil, México, Argentina, Colômbia ou Chile. Desse ponto de vista, a América Latina está atrasada em relação aos grandes países asiáticos e aos países avançados. É desigual também dentro das Nações, entre as empresas e, mais particularmente, na América Latina. Algumas empresas adotam novas tecnologias rapidamente, outras retardam sua adoção ou não o fazem rápido o suficiente. A dispersão dos níveis de produtividade, já muito elevados, no setor industrial, definida em sentido amplo, é crescente. Apesar de medidas institucionais como o aumento do salário mínimo para além do crescimento da produtividade, é de se temer que cresçam as desigualdades de renda do trabalho, medidas em salários médios, entre as empresas, aquelas que as adotam tecnologias e aquelas que não atendem às necessidades para se manterem competitivas. Além dessas crescentes desigualdades entre as empresas, existem aquelas geradas pelo uso dessas tecnologias. Os empregos rotineiros são parcialmente substituídos pelo aumento da automação em certos setores, o que leva a uma bipolarização dos empregos (muito qualificados – pouco qualificados), o que produz, provavelmente, uma acentuação da bipolarização da renda do trabalho.[38]

Na medida em que a América Latina fica para trás, esses efeitos demoram a aparecer, embora em certos setores, como a indústria automotiva ou o financeiro, eles estejam começando a se manifestar. Mas mesmo que essa difusão ocorra mais lentamente do que em outros lugares, ela tende a se acelerar e esses efeitos aparecerão com mais clareza. As oportunidades de emprego geradas pela produção dessas tecnologias são raras, pois são quase inexistentes, apenas as geradas pelo seu uso. Além disso, é possível que as chamadas atividades informais estejam aumentando, desta vez como resultado da relativa incapacidade de criar novos empregos suficientes em setores de produtividade crescente.

---

[38] SALAMA, Pierre. "Novas tecnologias, uma revoluçao em curso, os efeitos sobre o emprego e os salaries". *Revista Cadernos do desenvolvimento*. vol. 13, n. 22, 2018, pp. 151-179.

b. Foco na indústria?

Alguns economistas, principalmente brasileiros como M. Lisboa, presidente do IBRE no Brasil, questionam a necessidade de priorizar a indústria. Seus argumentos parecem ser de bom senso. O crescimento foi um pouco maior com a reprimarização das economias na década de 2000 – pelo menos até cerca de 2015 – do que na década de 1990, quando o setor industrial estava em declínio. Deste ponto de vista, a reprimarização das economias latino-americanas não só seria favorável ao crescimento, mas implicaria menos constrangimento externo (desde que o *boom* das vendas em valor das matérias-primas continue em ritmo sustentado), menos Inflação devido ao duplo efeito de 1. da apreciação da moeda nacional provocando uma redução relativa do preço dos produtos importados e 2. da sua maior competitividade resultando em preços mais baixos. Além disso, para esses economistas, não importa de onde vem o crescimento. Pode vir dos serviços, da exploração de matérias-primas, da construção civil, da indústria e seria um erro considerar que a indústria deva ser privilegiada.

Não há consenso sobre este ponto de vista.

Seja o trabalho de Kaldor, o de Vervoorn sobre a relação entre as taxas de crescimento da indústria e a produtividade do trabalho, o de Hirschman sobre os efeitos colaterais a montante e a jusante da indústria e seus setores mais dinâmicos, ou mesmo os de Thirwall sobre os limites do crescimento quando as capacidades de importação de outros países atuam como constrangimentos à expansão de suas exportações, todos mostram o papel estratégico da indústria para o crescimento e sua capacidade de gerar empregos em outros setores.

Quando comparamos os diferentes setores, classificados de acordo com a importância relativa da formalidade de seus empregos, e o número de empregos indiretos criados, observamos que na Argentina em 2013, por exemplo, para um emprego direto criado na indústria, foram criados 2,45 empregos indiretos, muito mais do que no comércio, restauração ou construção civil onde predominam os empregos informais, segundo D. Coatz e D. Scheingart (2016, p. 37). Em geral, a indústria – entendida em um sentido amplo, incluindo telecomunicações e alguns serviços sofisticados – é um poderoso multiplicador de empregos em outros setores (serviços, construção, etc.), permitindo um adensamento do tecido econômico, uma oportunidade de dominar o futuro.

Não há dúvida de que, no passado, o apoio à industrialização resultou na deterioração do meio ambiente. Infelizmente, ela não é a única. A exploração das matérias-primas, quaisquer que sejam, agrícolas ou mineiras, tem um impacto fortemente negativo sobre o meio ambiente e a saúde das populações que vivem nos locais próximos a essas fazendas.

Uma consequente deterioração do meio ambiente

A exploração de matérias-primas de origem agrícola e mineral tem sido feita tanto desprezando o meio ambiente, com um questionamento dos novos direitos obtidos pelas populações indígenas cada vez mais devolvidas ao seu estatuto de subcidadão, como outrora ocorria nos países andinos, e uma deterioração da saúde dos camponeses e mineiros.[39] É então "justificada" pelos governos, inclusive progressistas, pelos recursos orçamentários provenientes da exploração dessas matérias-primas, sendo estas utilizadas, na melhor das hipóteses, para financiar um aumento dos gastos sociais (educação, saúde) de tal modo que o sacrifício da geração presente possa ser benéfico para as gerações futuras.

Conflito entre o presente e o futuro: as gerações sacrificadas

Uma política que leva em consideração todos os pilares que definem o desenvolvimento sustentável (ambiental, econômico, social) não é fácil de desenhar sem gerar conflitos de interesses. O desenvolvimento sustentável, de fato, traz em seu bojo várias questões essenciais sobre o "buen vivir": 1. Devemos sacrificar o presente em

[39] A literatura é abundante hoje sobre este assunto, ver BUCHARDT, H.; DOMÍNGUEZ, R.; LARREA C.; PETERS, S. *Nada dura para siempre: Neo-extrativismo tras el boom de las materas primas*. Allemania: ICDD, Ecuador: Universidad Andina Simon Bolivar, 2016.

nome de melhorias futuras, mais precisamente devemos aceitar que os direitos dos índios, suas condições de vida, sua saúde, sua cultura e o simbolismo em que se exercem, sejam parcial ou totalmente amputados porque os recursos financeiros obtidos com a exploração das minas, a construção de estradas para o transporte das matérias-primas, poderiam financiar despesas com educação , infraestrutura, saúde que essas populações, hoje pobres, precisam fortemente para superar sua pobreza de forma sustentável? O conflito entre o presente e o futuro que, neste caso, adquire um valor particular devido ao passado de exclusão de que sofreram estas populações e aos compromissos mais ou menos claros dos governos para romper com esse passado. 2. Podemos conceber o desenvolvimento sustentável respeitando a lógica capitalista, levando em conta as particularidades da situação dos índios e os danos causados pela exploração das megaminas, danos incluindo todas as dimensões ecológicas, sanitárias, sociais e culturais? Mais precisamente, deveríamos ser inspirados por uma abordagem estatista, e, se assim for, como fica a questão da multinacionalidade? Ou então deveríamos adotar uma abordagem que não aceita a modernidade por ter escravidão e dominação, para insistir na descentralização, poderes locais, uma rejeição da mercantilização plena e completa, respeito pela ecologia e uma aspiração ao decrescimento[40]? Na verdade, para além das promessas, é a posição desenvolvimentista que tem prevalecido em detrimento dos interesses imediatos das populações indígenas.

Que deva ser concluído que o crescimento da indústria e a preservação do meio ambiente são sempre incompatíveis não está, no entanto, demonstrado. A industrialização pode e deve obedecer às restrições ambientais impostas pelos Estados. Como? Dentro de quais limites? Essa é uma discussão essencial, mas vai além do escopo deste artigo. A ascensão da indústria cria empregos e produtividade, mais do

[40] CARBONNIER, Gilles; CAMPODÓNICO, Humberto; VÁZQUEZ, Sérgio Tezanos. *Alternative pathways to sustainable development: lessons from Latin America.* Brill/ Nijhoff, 2017.

que qualquer outro setor, com a condição, porém, de que as empresas não possam buscar o máximo ganho em detrimento do meio ambiente. É por esta razão que damos especial ênfase às consequências negativas da desindustrialização sobre o emprego e o crescimento.

c. A desindustrialização precoce na América Latina está ligada à baixa taxa de investimento e a um esforço de pesquisa amplamente insuficiente.

Quase todos os países avançados estão passando por um processo relativamente pronunciado de desindustrialização relativa. A indústria pesa cada vez menos em termos relativos a favor de serviços cada vez mais sofisticados. Ao contrário desses países, os países latino-americanos experimentaram uma desindustrialização precoce. Com exceção da Argentina, ocorre quando a renda *per capita* no início desse processo é aproximadamente a metade da renda dos países avançados no início de sua desindustrialização. A desindustrialização resulta em um declínio relativo e absoluto nos empregos industriais, na destruição de parte do tecido industrial e na incapacidade de produzir bens de alta e média tecnologia de maneira sustentável. É a face oculta da ascensão das economias rentistas, mais precisamente dos comportamentos rentistas com o surgimento da financeirização e das atividades primárias destinadas à exportação. Paradoxalmente, quando o país opta pela exportação de produtos manufaturados, como fez o México na década de 1980, desenvolveu-se a desindustrialização dos setores industriais voltados para o mercado interno porque não foi implementada uma política industrial de integração local de atividades *upstream* ou *downstream*.

Níveis de PIB *per capita* (em dólares PPC dos EUA de 1990) no início da desindustrialização em alguns países da OCDE e da América Latina, 1950-2011

Países	Participação da indústria de transformação no PIB			Parcela de salários da indústria de transformação no PIB		
	Part (%)	Ano	PIB per capita	Part (%)	Ano	PIB per capita
Países desenvolvidos da OECD						
Canadá	23.29	1961	8 833	22.73 a)	1970	12 050
França	25.40 b)	1961	7 718	27.89	1974	13 113
Alemanha	40.65	1961	7 952	39.39 a)	1970	10 839
Japão	32.63	1970	9 714	27.44	1973	11 434
Espanha	23.33	1972	7 099	27.47	1971	6 618
Suécia	26.94	1974	13 885	28.29	1974	13 885
Reino Unido	36.90	1955	7 868	41.83	1954	7 619
Estados Unidos	26.47	1953	10 613	27.83	1953	10 613
Países da América Latina						
Argentina	34.85	1976	7 965	24.69 c)	1984	7 426
Brasil	32.47	1985	4 914	17.08	1978	4 678
Chile	19.57	1974	4 992	16.80	1976	4 347
Colômbia	20.05	1976	3 713	25.95 d)	1978	4 042
Mexico	23.34	1988	5 771	19.56	2000	7 275
Peru	21.51	1988	3 766	23.24 e)	1986	3 946
Uruguai	23.42	1986	6 015	30.57	1974	5 123
Venezuela	30.85	1986	8 725	17.18	1987	8 805

Fonte: cálculos de Victor Krasilshchikov, 2020 com base em dados da UNCTAD e da OIT (para 1970-2011); para o Reino Unido e os EUA nas décadas de 1950-60: *UK Central Statistical Office* 1961: 105-107, 130, 239, 243; 1965: 107; 1970: 118, 279, 285; *US Bureau of the Census* 1956: 296; 1959: 304, 307; 1961: 203, 207, 301, 304; 1965: 326; OECD / OCDE 1979: 7-8, 103-104, 195-196; MoF 1998, tabela 6.1; GGDC 2013.

Notas:

a) Dados de antes de 1970 não estão disponíveis;

b) Dados coletados pelo Instituto Nacional de Estatística e Estudos Econômicos. Bancos de dados. Base anual das contas nacionais de 2010;

c) Grande Buenos Aires;

d) 7 principais cidades do país;

e) Lima e subúrbios.

Figura 2: Valor adicionado da indústria de processamento como porcentagem do PIB, 1970-2014

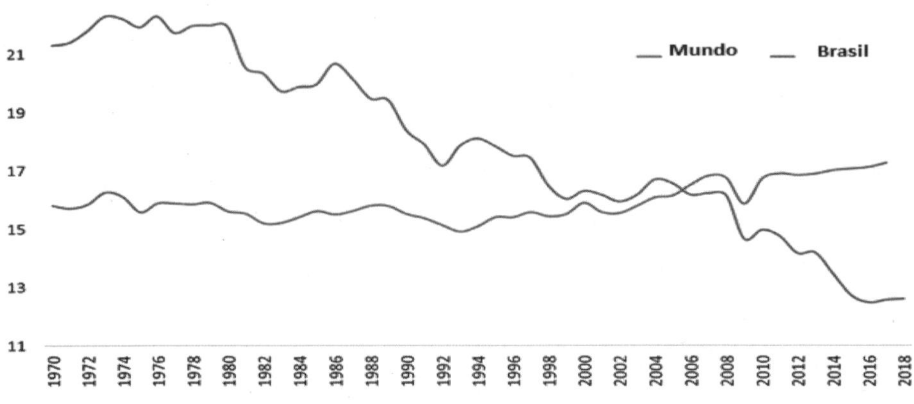

Fonte: ONU (The National Accounts Main Aggregates Database) e IBGE. Elaborado pelos autores.

d. O Porquê da desindustrialização precoce e seus efeitos sobre o crescimento

d.1. A desindustrialização não é um processo linear. É irregular, diferente de acordo com os grandes países latino-americanos

No México, a desindustrialização diz respeito às empresas voltadas para o atendimento da demanda interna. Por outro lado, os bens industriais estão crescendo à medida que a demanda dos Estados Unidos e do Canadá se intensifica. Temos, portanto, um duplo processo: desindustrialização e industrialização. A separação entre o mercado interno e o mercado externo é evidente pela ausência de relações entre esses dois mercados, exceto em parte para o setor automotivo. Na Argentina, os dois processos de desindustrialização e industrialização não são concomitantes. A desindustrialização é mais importante do que nos outros países, mas uma fase de desindustrialização é seguida por uma fase relativamente breve de reindustrialização, quando a crise do Plano de Conversibilidade surge no início dos anos 2000, dando início novamente a uma fase de desindustrialização[41]. No Brasil, a desindustrialização é irregular: relativamente pronunciada de 1985 a 1996, depois desacelerou e depois foi novamente retomada, mas mais atenuada depois disso.

Por que há uma desindustrialização precoce nas economias semi--industrializadas da América Latina?

Três variáveis atuam diretamente sobre o custo unitário do trabalho e, portanto, sobre a competitividade da indústria:[42] a taxa de câmbio

---

41 Mais precisamente, entre 1935 e 1974, a produção industrial argentina aumentou 532%. Esse período é caracterizado por um regime de crescimento muito específico, conhecido como Substituição de Importações. A ascensão da indústria de Substituição de Importações não é contínua, mas sim intercalada com fases de estagnação (1948-1952, 1959, 1963 e 1966). No período que se seguiu (1975-1991) - com o advento da ditadura militar - observamos queda da produção industrial (-16%) e amplas oscilações. Por outro lado, a implosão do plano de conversibilidade no início dos anos 2000 resultou em uma desvalorização muito forte do peso. A indústria, mais uma vez protegida pelo câmbio desvalorizado, cresceu fortemente. No total, entre 1935 e 2012, a produção industrial cresceu 945%. A partir de 1974, perdeu empregos e sua participação no PIB caiu. Porém, a partir de 2002, a situação muda. A Argentina está se reindustrializando, mas, a partir da segunda década do milênio, a situação muda novamente (GRANA, J. M. 2015). De acordo com a UNIDO (2019), o índice da indústria de processamento passou de 100 em 2010 para 97 em 2017, antes da crise de 2018. Entre as mesmas datas, esse índice na China continental passou de 100 para 165 [...] Assim como os demais países latino-americanos, por ter optado por uma reprimarização de sua economia, a Argentina não segue o caminho percorrido pelos países asiáticos, mas sim se especializa (novamente) em produtos relacionados à extração de renda em detrimento de seu tecido industrial. A observação é implacável. O contexto econômico da Argentina não permite que ela se encaixe positivamente na divisão internacional do trabalho (Albrieu *et al.*, 2015).

42 Segundo cálculos de R. Frankel e M. Rapetti, 2011, a apreciação do câmbio real é uma das principais causas do aumento do custo unitário do trabalho entre 2002 e 2010, seguido pelo diferencial de produtividade. A produtividade do trabalho, de fato, cresce menos no Brasil, Chile, Argentina e Colômbia do que nos países avançados ou na China, seguido por um aumento mais pronunciado dos salários do que da produtividade em alguns países como o Brasil e Argentina. Lembre-se de que tanto o nível médio quanto o crescimento da produtividade do trabalho são muito baixos na Argentina - assim como em outros países latino-americanos. De acordo com D. Coatz e D. Scheingart, 2016, à taxa de câmbio peso-dólar de 2005, se o crescimento da produtividade do trabalho no setor industrial for de 3% ao ano nos Estados Unidos e 4% na Argentina, seriam necessários 101 anos para cancelar o diferencial de produtividade entre esses dois países, e se fosse de 10% ao ano na Argentina, demoraria 15 anos. O problema é que estamos longe de 3% ao ano (p. 43).

real em relação ao dólar, a taxa salarial e a produtividade do trabalho. A taxa de câmbio tende a se valorizar em relação ao dólar em um período bastante longo,[43] porém intercalada por crises cambiais por vezes graves ou, como no final da década de 2010, com desvalorização da moeda. O crescimento da produtividade do trabalho é muito baixo, a taxa de salários na indústria está crescendo no Brasil e na Argentina – dos anos de 2000 a 2015 – além do baixo crescimento da produtividade do trabalho[44]. Este não é o caso do México.[45] A valorização da moeda em relação ao dólar, o aumento dos salários e o crescimento muito fraco da produtividade estão minando a competitividade das empresas[46]. Sua rentabilidade média é afetada, daí a insuficiência de investimentos produtivos e as escolhas feitas em direção a finanças, fuga de capitais, consumo ostentatório[47] resultando na destruição de áreas inteiras do tecido industrial e na demissão de funcionários.[48]

---

43 BRESSER-PEREIRA, Luiz Carlos. "Secular stagnation, low growth and financial instability". *International Journal of Political Economy*, 2019, pp. 1-19.

44 Os dados médios nem sempre são relevantes. A dispersão em torno da média é particularmente alta nas economias semi-industrializadas, mais do que nas economias avançadas. Os níveis de produtividade são muito diferentes segundo os setores e dentro dos setores, bem como os salários com qualificações equivalentes, de acordo com a dimensão das empresas e a sua nacionalidade (OCDE-CEPAL, 2012 *op. cit.*). A taxa de câmbio influencia sobretudo os setores expostos, mas de forma diferente dependendo se a participação das importações é mais ou menos importante na produção de uma *commodity*.

45 TELLAECHE, José Antonio Romero. *Los límites al crecimiento de Mexico*. México: El Colegio de Mexico y la UNAM, 2014.

46 Portanto, não é apenas o aumento dos salários que afeta a competitividade, mas a relação entre essas três variáveis. Um maior aumento da produtividade e a manutenção de uma taxa de câmbio depreciada podem levar a melhorias na competitividade mesmo que os salários aumentem dentro de certos limites.

47 SHORR, Martin; WAINER, Andres. *La financiarizacion del capital, estrategias de acumulacion de las grandes empresas en Argentina, Brasil, Francia y Estados Unidos*. Futuro Anterior, 2018.

48 SALAMA, Pierre. "Los dos 'pecados originales' de los gobiernos progresistas de Argentina y Brasil". *Revista de Economía Institucional*, 2018, pp. 21-40; SALAMA, Pierre. *Argentine, Brésil, Venezuela, Populisme progressiste des années 2000, l'heure des bilans, Revue Contretemps*, n. 38, 2018, pp. 84-120; SALAMA, Pierre. O Le Brasil em retrocesso?, *Revue Caderno do desenvolvimento*. vol. 14, n. 24, 2019, pp. 177-224; SALAMA, Pierre. *Argentina, para avanzar sin retroceder*, Herramienta, n. 62, 2019, pp. 119-145.

A estes fatores diretos reúne-se a queda drástica do investimento público há um quarto de século no setor da infraestrutura (ferrovias, estradas e energia), não sendo o investimento público considerado um inibidor do investimento privado, mas como um obstáculo ao seu desenvolvimento. O investimento insuficiente em infraestrutura é agora um obstáculo sério para uma recuperação econômica sustentável, como o Banco Mundial sublinha em seus vários relatórios.

Quando o tecido industrial é esparso e há grande variedade de recursos naturais, como é o caso de alguns raros países latino-americanos, como o Peru, o aumento do preço das matérias-primas e o aumento dos volumes exportados têm efeitos positivos sobre a taxa de crescimento. As importações maciças permitidas pelo aumento acentuado das receitas de exportação, facilitadas pela valorização da moeda nacional em relação ao dólar, têm pouco efeito destrutivo no tecido industrial, dado ser esse pouco denso. No conjunto, a taxa de crescimento pode ser relativamente alta. A variedade de recursos naturais atenua os efeitos negativos de uma queda nos preços das *commodities* por uma razão simples: os preços não caem todos ao mesmo tempo, alguns podem continuar a subir enquanto outros caem. Não é bem assim no que se refere aos volumes exportados: estes dependem da demanda internacional, variando ela própria em função da situação econômica dos países importadores. Quando a maior parte da demanda vem de um país, a dependência se traduz em alta vulnerabilidade.

Quando o tecido industrial é relativamente grande, os efeitos da desindustrialização sobre a taxa de crescimento são diferentes. Vários fatores explicam essa especificidade. A reprimarização, por meio de seus efeitos na diminuição da competitividade dos produtos industriais, fragiliza o tecido industrial de forma específica. A valorização da moeda nacional, a alta da massa salarial real além do fraco crescimento da produtividade do trabalho no setor industrial, afetam principalmente os setores produtores de bens de média-alta (máquinas e material elétrico, veículos automotores, produtos químicos, exceto produtos farmacêuticos, máquinas e equipamentos mecânicos, etc.) e alta tecnologia (aeronáutica e espacial, farmacêutica, equipamentos de TI, etc.). Em geral, a balança comercial da indústria de processamento torna-se rapidamente negativa, principalmente devido ao aumento nas importações líquidas de exportações de bens de média (especialmente média-alta) e alta tecnologia. Foi o que aconteceu em 2008 no Brasil.[49]

A análise precisa ser refinada, é claro: só porque as importações líquidas das exportações de produtos de média-alta e alta são cada vez mais negativas, não significa que o sinal dado também seja negativo. Pelo contrário, as importações líquidas negativas podem significar um esforço para uma maior modernização e o consequente aumento de sucursais com elevado potencial de crescimento. Infelizmente, este é o caso na América Latina apenas parcialmente. As importações líquidas são mais um sinal de desindustrialização afetando especialmente setores com alto potencial. Se realizam em detrimento destes setores e não permitem ou permitem muito pouco o seu crescimento ao nível do que seria necessário para que o tecido industrial se transforme na direção de uma maior complexidade[50]. Como vimos, a complexidade das exportações diminui enquanto a dos países asiáticos aumenta[51].

Assim, a desindustrialização pode, por algum tempo, ser acompanhada por um aumento na taxa de crescimento do PIB. Foi o que

---

[49] IEDI. (2020). O retrocesso exportador da industria, n. 974. SHORR, Martin; WAINER, Andres. La financiarizacion del capital, estrategias de acumulacion de las grandes empresas en Argentina, Brasil, Francia y Estados Unidos. Futuro Anterior, 2018.

[50] A indústria de processamento cresceu de 2004 a 2008 no Brasil, depois caiu, se recuperou ligeiramente e entrou em colapso em 2015 e 2016, sendo sua recuperação muito baixa depois disso. Esses movimentos são amplificados para cima e para baixo para as indústrias de alta e média-alta tecnologia. Não é o caso de outras indústrias, as de médio-baixo (construção, reparação naval, borracha e plásticos, produtos de metal, etc.) e de baixa tecnologia (alimentos, bebidas, têxteis, madeira, etc.). Este último segmento resistiu um pouco melhor à crise nos últimos anos na medida em que ele não desmoronou, mas teve um encolhimento inferior à média. Em suma, observamos que as indústrias de alta tecnologia e, principalmente, de média-alta tecnologia experimentaram um aumento muito significativo em sua produção até as vésperas da crise de 2008. Mas essa progressão é inferior à das importações e, portanto, da demanda doméstica. Para estes produtos, a desindustrialização é, portanto, relativa pelo menos até esta data.

[51] Para mais detalhes, ver IEDI (Instituto de Estudos para o Desenvolvimento Industrial). *A Complexidade das exportações brasileiras e a concorrência da China*, et n. 973, 2020.

aconteceu durante a presidência de Lula no Brasil (2003-2011). Mas este aumento relativo é moderado, da ordem de um ponto em média em comparação com a década de 1990. A relação entre reprimarização-desindustrialização e taxa de crescimento é realmente mais complexa.

Os efeitos deletérios da reprimarização sobre a rentabilidade da indústria, bem como a ausência de uma política industrial significativa, mas também políticas econômicas flutuantes de acordo com conflitos de interesses, resultam em uma crise econômica. No final, com reprimarização, sem política industrial e cambial para contrabalançar seus efeitos negativos, sem reforma tributária, aumenta a vulnerabilidade, diminuem as capacidades de recuperação com o enfraquecimento do tecido industrial e a perda de peso dos setores de alta tecnologia, o que explica a tendência de estagnação econômica de longo prazo.[52]

d.2. O caso do México é particularmente emblemático

Para superar a crise devido a uma dívida externa que se tornara insustentável, o governo mexicano liberalizou todos os seus mercados na década de 1980. A abertura externa aumentou fortemente, embora o tecido industrial mexicano tenha sido particularmente enfraquecido pela crise da dívida e o fim de várias ajudas das quais se beneficiou a indústria. O México tornou-se assim o mais aberto dos grandes países latino-americanos ao comércio internacional.

Ao contrário dos ensinamentos da *doxa*, a taxa de crescimento do PIB não aumentou, muito pelo contrário. Dos anos 1950 aos 1970, foi particularmente alta quando a economia do país não era muito aberta. Somente então, com a abertura de sua economia na ausência de uma política industrial, a taxa de crescimento caiu drasticamente.[53]

---

[52] SALAMA, Pierre. 2012. Les économies émergentes latino-américaines, entre cigales et fourmis. Paris: A. Colin, 2016. SALAMA, Pierre. *O Le Brasil em retrocesso?*, Revue Caderno do desenvolvimento. vol. 14, n. 24, 2019, pp. 177-224; SALAMA, Pierre. Argentina, para avanzar sin retroceder, Herramienta, n. 62, 2019, pp. 119-145. SALAMA, Pierre. *América Latina: adiós industria*, hola estancamiento, Revista Realidad Economica, 2020, pp. 65-87.

[53] CALVA, José Luis. "La economia Mexicana en su laberinto neo-liberal". *Revista El Trimestre economico*. n. 343, 2019, pp. 579-622.

A tendência de estagnação econômica foi, portanto, uma das mais pronunciadas da América Latina.

O México se especializou na exportação de produtos manufaturados relativamente sofisticados, mais do que os exportados por outros países latino-americanos. Logicamente, essas exportações deveriam ter permitido uma inserção positiva na divisão internacional do trabalho, fonte de maior crescimento. Não foi isso o que aconteceu. Na verdade, a sofisticação dos produtos exportados é apenas aparente. Estamos perante uma *ilusão de ótica* que se esvai quando não consideramos a exportação de mercadorias, mas sim a exportação do valor adicionado produzido no país. O grosso das exportações de bens industriais – com a notável exceção do setor automotivo, onde a integração é maior – é formado por de bens montados no país. Há, portanto, pouco ou nenhum efeito cascata, sendo o grau de integração nacional reduzido aos efeitos de direitos adquiridos localmente. As mercadorias exportadas são apenas aparentemente sofisticadas, o que é confirmado pelos dados relativos ao seu esforço de pesquisa e desenvolvimento em relação ao PIB da América Latina que vimos.

A liberalização do comércio exterior e a opção por se especializar na exportação de bens industriais montados, em vez de optar por aumentar seu grau de integração como fizeram Coreia do Sul, Taiwan e hoje a China, somada à ausência de uma política industrial explica, portanto, a letargia do crescimento do PIB. Portanto, não é um jogo de dois componentes (mais abertura, mais crescimento), mas um jogo de três partes (mais abertura, mais Estado e mais crescimento) que deve ser considerado.

Ao favorecer a retirada do estado, o México está perdendo modernização

Rufino Matamoros-Romero (2019) lembra os argumentos evocados no início da década de 1980 para justificar a retirada do Estado do México sob a presidência de Salinas de Gotari. De acordo com Aspe, o secretário de programação do presidente e teórico da retirada do Estado, o México não precisava mais da intervenção do

Estado para permitir que efeitos a montante e a jusante (o famoso "quebra-cabeças" de Hirschman, 1958) possam ser realizados e o desenvolvimento econômico possa ser alcançado. Dizia-se que o México entrou em um segundo estágio, tornando a intervenção do Estado supérflua e até contraproducente.

"No exemplo de Hirschman, uma vez que os 'quebra-cabeças' foram resolvidos, as peças restantes começam a se encaixar quase automaticamente. O que isso significa em termos do papel do Estado no desenvolvimento econômico é que, após um período inicial de proteção e intervenção do Estado, o crescimento não responde mais tão fortemente ao aumento do intervencionismo como fazia durante os primeiros estágios de desenvolvimento da industrialização. Além disso, esta análise transmite a ideia de que, dado o quadro institucional básico, o apoio indireto do Estado à atividade econômica através da desregulamentação, privatização, liberalização do comércio e a criação de um ambiente competitivo é mais desejável que por meio de uma participação direta do Estado nas atividades produtivas".[54]

Os autores esquecem de apontar que, para Hirschman, os "quebra-cabeças" mencionados só podem ser entendidos dinamicamente, ou seja, são infinitos. Eles se repetem sempre que ocorre um efeito a montante ou a jusante com o auxílio estatal, sendo aqueles, ao que parece, gerados por esses. Portanto, o desenvolvimento se identifica com a densidade desses efeitos a montante e a jusante. É somente por isso que o tecido industrial pode adquirir força e permitir um forte crescimento, gerando empregos e aumentando a renda do trabalho. Mas, como mostra Rufino Matamoros-Romero, esse não tem sido o caso no México desde a retirada do Estado. Quando se comparam dois períodos, 1996 e 2011, há relativamente pouca mudança tanto a jusante quanto a montante, ou seja, a "modernização" anunciada pela retirada do Estado não ocorreu. Os

[54] MATAMOROS-ROMERO, Guillermo Rufino. El camino mexicano del lento crecimiento económico: una interpretación espuria de la metáfora del desarrollo como un rompecabezas de Albert O. *Hirschman*, Revista Ensayo de Economia, n. 54, Universidad Nacional de Colombia, 2018.

efeitos a montante e a jusante não se concretizaram ou dificilmente se concretizaram. Foram as importações e exportações de produtos semiacabados que substituíram a possível concretização, ainda que parcial, destes efeitos, o que se tornou muito difícil na ausência de intervenção estatal. A indústria de exportação, à parte do setor automotivo em certa medida, tem funcionado como uma "economia de enclave",[55] daí os poucos efeitos industriais a montante e a jusante[56] e o subsequente baixo crescimento.[57]

Especializado na exportação de bens industriais montados, o México se industrializou, mas pode-se considerar que também se desindustrializou. Com a exceção notável do setor automotivo, o mercado interno não está conectado ao mercado externo e vice-versa. O mercado interno está sujeito à concorrência externa, muitas empresas fecham por falta de competitividade suficiente, setores inteiros desaparecem, substituídos por importações de bens finais e intermédiários. As causas são as mesmas analisadas para países mais fechados como Argentina e Brasil ou Colômbia: investimentos produtivos insuficientes resultando em baixo crescimento da produtividade do trabalho, câmbio apreciado com o efeito que os salários em dólares parecem muito altos, mesmo que sejam baixos na moeda local. A dupla produtividade-salários em dólares, portanto, favorece a desindustrialização do mercado interno. O mercado externo,[58] separado do mercado interno,

---

55 CALVA, José Luis. "La economia Mexicana en su laberinto neo-liberal". *Revista El Trimestre economico*. n. 343, 2019, p. 589.

56 IBARRA, Carlos Alberto. "La paradoja del crecimiento lento de Mexico". *Revista Cepal*, n. 95, 2008.

57 TELLAECHE, José Antonio Romero. "La herencia del experimento neo-liberal", *Revista El trimestre economico*, n. 345, 2020.

58 A única grande diferença em relação à década de 1990 é que o México não é mais a oficina de montagem exclusiva dos Estados Unidos. Um terceiro ator entrou: a China. Esta exporta tanto bens de consumo para o mercado interno, como bens intermediários que participam de sua desindustrialização, como também cada vez mais produtos intermediários que se montam com bens exportados pelos Estados Unidos

não promove efeitos de *cluster*, não há revitalização do mercado interno devido à falta de integração econômica e, portanto, de crescimento sustentado e sustentável.

Figura 3: México: salario medio real de cotización al IMSS y salario mínimo, 1973-2019/I (Índice 1980=100)

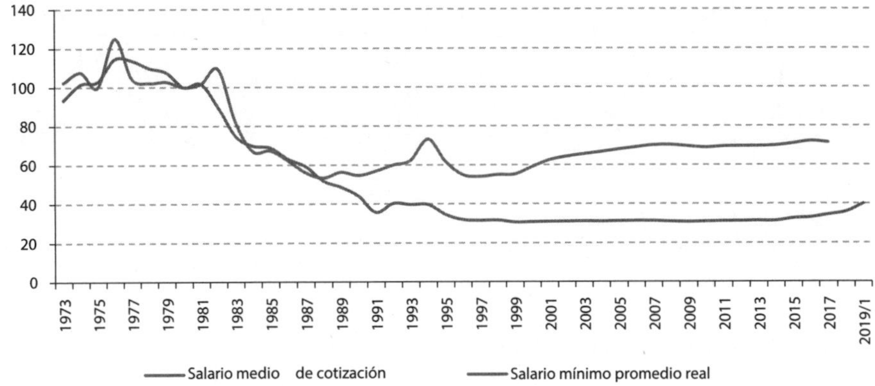

Fonte: Moreno-Brid, 2019.

2.6 A alta volatilidade explica a baixa taxa de crescimento do PIB *per capita* no longo prazo?

a. Volatilidade e crescimento do PIB na América Latina e em alguns países grandes

A relação entre grandes flutuações de um lado e de outro lado uma taxa média de crescimento do PIB *per capita* durante um longo prazo na America Latina é clara, como pode ser visto no gráfico abaixo.

para o México e que são então reexportado para os Estados Unidos, o que explica tanto o forte superávit deste país em relação aos Estados Unidos quanto seu abissal déficit em relação à China (para cada dólar exportado para a China, o México importa $ 9 em mercadorias desse país) e a demanda do governo Trump por renegociações do acordo entre México, Canadá e Estados Unidos (RAMIREZ BONILLA, Juan Jose, 2017).

Figura 4: Taxa de crescimento do PIB *per capita* na América Latina e no Caribe, 1980-2019, calculada em dólares PPC de 2011

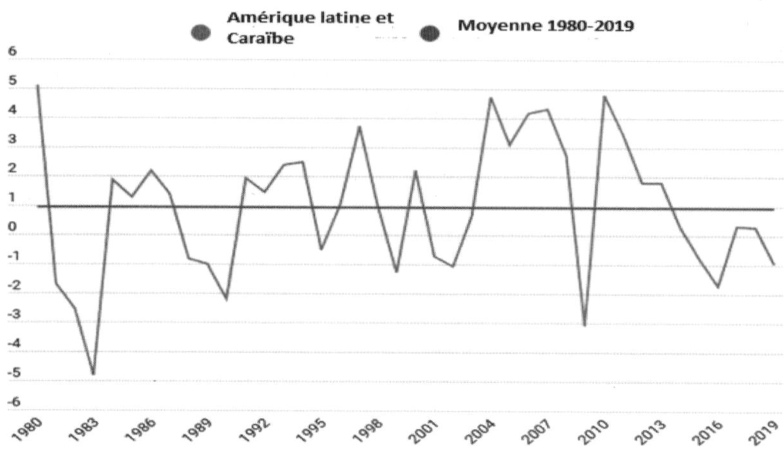

Fonte: Banco de dados do FMI e do World Economic Outlook.

Em contraste, os países asiáticos experimentam pequenas flutuações e forte crescimento do PIB no longo prazo.

O desvio padrão é frequentemente usado como um indicador de volatilidade. As economias asiáticas experimentam baixa volatilidade e forte crescimento por longos períodos: China (1971-1979 e 1980-2004) e Taiwan (1976-2000), por exemplo, e, em períodos um pouco mais curtos, alguns países latino-americanos (Argentina de 1991 a 1998, Brasil de 1966 a 1980, México de 1964 a 1981). Segundo A. Saludjian, com exceção da Argentina, a conjunção de baixa volatilidade e alto crescimento corresponde a uma época anterior à crise da dívida (1982) na América Latina. Finalmente, observamos que às vezes a baixa volatilidade, em períodos mais curtos, é acompanhada por um crescimento igualmente fraco, como é o caso do Brasil (1998-2004) e do México (1999-2004).

J. Zettelmeyer (2006) mostra que os períodos em que o crescimento *per capita* ultrapassa 2% ao ano são menos importantes na América Latina do que na Ásia e especialmente menos longos desde 1950. De acordo com seu trabalho, desde 1950 houve 10 períodos de crescimento de mais de 2% *per capita* na América Latina contra 11 na Ásia, sua duração média sendo no primeiro caso de 13,9 meses enquanto essa chega a 26,1 meses no segundo. Finalmente, em 30% dos casos nestas fases de crescimento, o *boom* ultrapassou 15 anos na América Latina, em comparação com 73% na Ásia. A. Solimano e R. Soto (2005) similarmente observam que a porcentagem de anos de crise (taxa de crescimento negativa) no período 1960-2002 é de 42% na Argentina, 29% no Brasil, mas apenas 7% na Coreia do Sul e 5% na Tailândia.

Finalmente, a Comissão Econômica da ONU para a América Latina mostra em seu relatório de 2008 que o desvio-padrão da taxa de crescimento entre 1991 e 2006 é particularmente alto na Argentina (6,29) e menor no Brasil (2,02) e no México (3,05).

b. A volatilidade do crescimento não é a mesma na Argentina, no Brasil e no México

Na Argentina, fases de forte crescimento seguem períodos de crises profundas, como pode ser visto nos gráficos a seguir:

Figura 5: Ciclos de crescimento do PIB

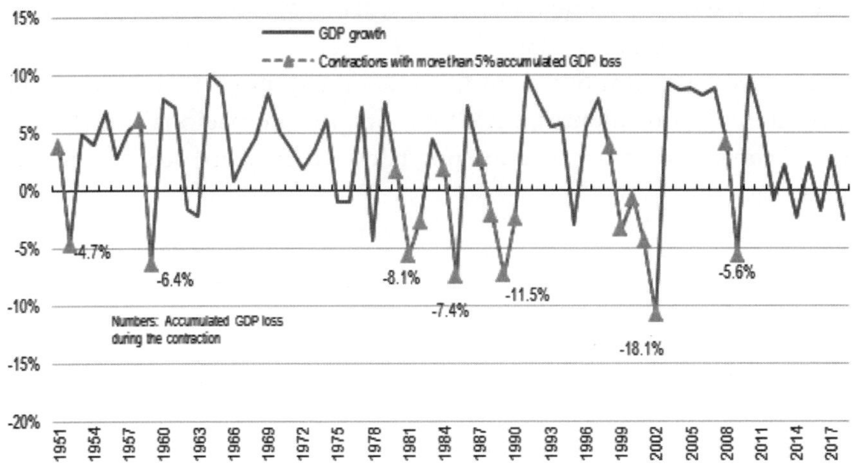

Fonte: Kidyba,S y Suárez, L (2017) Aplicación de índices encadenados al empalme de series. Argentina 1950 – 2015. Programa de investigación en cuentas nacionales (PICNA) – FCE – UBA; OECD calculations.

Figura 6: Taxa de crescimento (eixo da direita) e ciclos (eixo da esquerda) no Brasil, 1980 – 2018

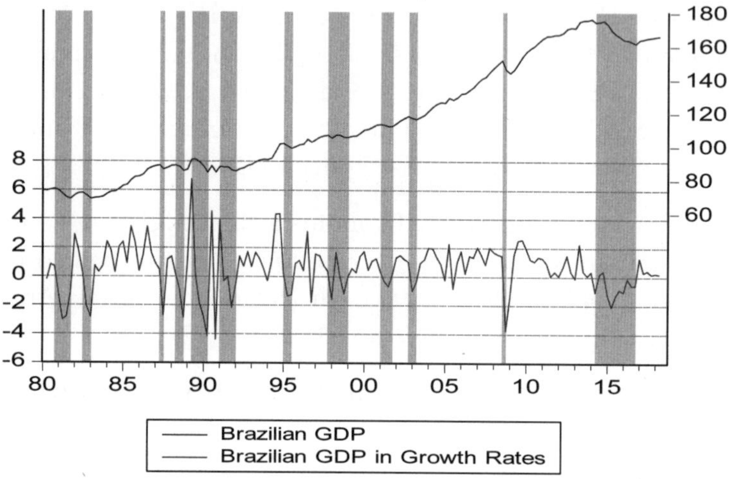

Fonte: Marcelle Chauvet - Business Cycle Measurement and Dating.

A volatilidade do PIB do México, embora elevada, é relativamente baixa em comparação com a da Argentina. No entanto, os anos 1980 (crise da dívida), 1993-1995 (efeito *tequila*, nome dado à crise causada por um déficit muito grande e duplo do saldo em conta corrente e do orçamento) e 2009 (contágio internacional do chamado *subprime*) são caracterizados por taxas de crescimento fortemente negativas.

Figura 7: Taxa de crescimento (eixo da direita) e ciclos (eixo da esquerda) no México, 1980 – 2018

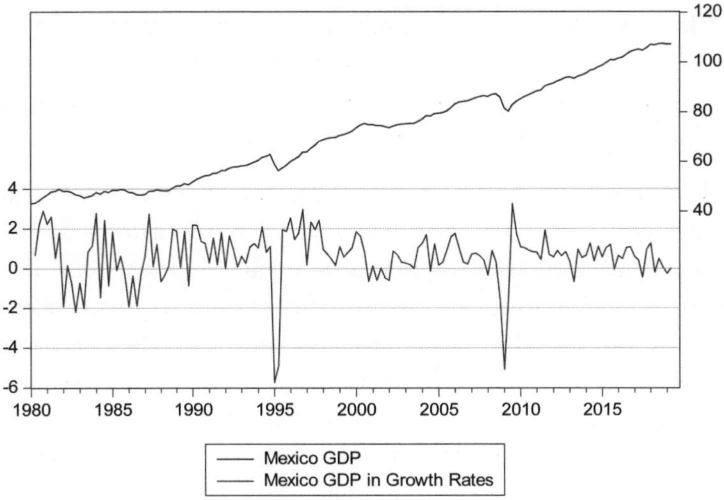

Fonte: Marcelle Chauvet - Business Cycle Measurement and Dating.

Principais características dos ciclos econômicos do México 1980-2009

	Número de vezes	Duração média	Mínimo	Máximo
Recessão	6	18	11	34
Expansão	5	44	12	71

Fonte: SICA de INGI, dados de setembro de 2019, no Grupo Técnico de *Expertos para el diseño de um Comité para o Fechado de los Ciclos de la Economía de México* (GTDCFC)

c. Argentina, um aprofundamento

A taxa média de crescimento de longo prazo da Argentina está abaixo da média latino-americana, como vimos. A volatilidade de seu crescimento é particularmente importante. Enquanto no caso do México a dupla *industrialização para exportar-desindustrialização ao nível do mercado interno* explica o baixo ritmo de crescimento, na Argentina parece que é sobretudo a multiplicação das fases de "*stop-and-go*" que estão na base do fraco crescimento médio.

Na Argentina, existe uma relação de causa e efeito entre a altíssima volatilidade e a fraqueza do crescimento. *O problema então se desloca para a análise das causas da alta volatilidade.* Eles são diferentes de acordo com os períodos e os regimes de crescimento.

1. A economia de exportação de matérias-primas é particularmente vulnerável. O saldo da balança comercial e, na maioria das vezes, o valor da receita tributária dependem da evolução dos preços das matérias-primas e dos volumes exportados, bem como da diversificação dos recursos naturais à disposição do país. As exportações de matérias-primas da Argentina têm aumentado em termos absolutos e relativos desde os anos 2000. Os países especializados na exportação de matérias-primas estão em uma situação passiva, a menos que estejam em uma posição de monopólio, o que não é o caso da Argentina, que tem forte concorrência pela soja do Brasil e dos Estados Unidos. Eles não podem afetar ou afetam apenas ligeiramente o preço e os volumes, exceto para aumentar ou diminuir os volumes exportados. Estão sujeitos aos preços praticados nos mercados internacionais. São economias fundamentalmente rentistas.

Por outro lado, a industrialização reduz a vulnerabilidade, mas o protecionismo muitas vezes leva a novos comportamentos rentistas, a menos que o Estado adote uma política industrial voltada para transformar o tecido industrial para inseri-lo na divisão internacional do trabalho, promovendo a produção de produtos de alta tecnologia com altas elasticidades-renda da demanda. A vulnerabilidade é função da composição das exportações, sendo que quanto maior é a participação das matérias-primas, maior é a vulnerabilidade; quanto mais aumentam as exportações de produtos industriais, menos peso tem essa vulnerabilidade, desde que a estrutura dessas exportações evolua favoravelmente[59] o que não tem sido o caso, como vimos.

---

[59] FERNÁNDEZ, Virginia Laura; CURADO, Marcelo Luiz. "La matriz de competitividad argentina: evolución de la inserción internacional del país ante la controversia de los recursos naturales". *Revista de la Cepal*, 127, 2019.

2. A reprimarização das economias nos anos 2000 aumenta a vulnerabilidade. Por muito tempo, os governos acreditaram que a restrição externa havia desaparecido devido ao forte aumento nos preços das commodities e ao aumento dos volumes exportados devido à demanda muito forte das economias asiáticas.

As flutuações – o "stop-and-go" – são explicadas principalmente pela restrição externa. O crescente déficit comercial e o temor dos investidores de que tal situação possa perdurar estão causando desvalorizações mais ou menos significativas das moedas locais. Em condições próximas do pleno emprego, a desvalorização é um fator importante no aumento dos preços (o que os economistas chamam de *pass through*[60]). Para que a alta dos preços não corroa e apague a competitividade de preços recuperada pela desvalorização, a política econômica mais frequentemente defendida é a intervenção da política monetária e fiscal; o aumento das taxas de juros deve permitir o retorno do capital que saiu, e uma política fiscal restritiva deve conter a demanda e, assim, reduzir a inflação. Essas duas políticas de fato causam uma recessão, daí o qualificador utilizado pela corrente estruturalista da CEPAL de desvalorização recessiva e sua oposição, pelo menos até a década de 1980, em relação à essa política.[61]

Passado algum tempo, os efeitos positivos sobre o crescimento de uma recuperação das exportações compensam os efeitos negativos de uma contenção da demanda interna, de modo que com a retomada do crescimento, das remunerações e dos salários, o emprego aumenta repetidamente causando perda de competitividade, um déficit crescente da balança comercial e novamente uma desvalorização.

Na verdade, não é a desvalorização em si que é a fonte de grandes flutuações. A implosão do plano de conversibilidade no início dos anos 2000 com forte desvalorização não levou a um aumento duradouro

---

60 Ver Destaque Depec-Bradesco, 27/03/2019: "Argentina: aversão a volatilidade cambial deve dar continuidade à politica econômica".

61 KEIFMAN, Saúl. "Le rapport entre taux de change et niveau d'emploi en Argentine. Une révision de l'explication structuraliste". *Revue Tiers Monde*, n. 189, 2007.

dos preços, nem a uma recessão, pelo contrário. O aumento de preços durou pouco e o crescimento foi acelerado e relativamente sustentável; foi apenas em 2007-2008 que a recuperação inflacionária se tornou um problema. A competitividade recuperada mediante a desvalorização tem vida curta, desde que não seja acompanhada por avanços significativos na produtividade da indústria. Ou seja, a retomada da competitividade advém da queda dos salários expressos em dólares aos quais se somam os efeitos da aceleração da alta dos preços após a desvalorização. Mas o salário é apenas uma das variáveis que explicam a competitividade. Duas outras variáveis contribuem diretamente para a melhoria da competitividade, o aumento da produtividade e a manutenção de uma taxa de câmbio desvalorizada, às quais se somam outras variáveis que indiretamente desempenham um papel importante: o nível de educação e de infraestrutura física. O forte crescimento dos anos 2000 pode ser explicado justamente pela manutenção de um câmbio desvalorizado e pela utilização de elevadas capacidades produtivas ociosas e pelo reemprego de trabalhadores que estavam desempregados no final dos anos 1990. Os limites de crescimento são incapazes de melhorar a produtividade e transformar o tecido industrial em setores dinâmicos com elevado coeficiente de pesquisa.[62][63] Por outro lado, se a elasticidade da demanda do exterior for baixa e se a elasticidade da oferta for insuficiente porque o tecido industrial se deteriorou profundamente, então a desvalorização é lenta para impulsionar o crescimento das exportações. Foi o que aconteceu então com a crise cambial de 2018: só em maio de 2019 a balança comercial voltou a ser positiva, à custa de uma forte crise econômica associada a uma inflação muito elevada e consequentes diminuições do poder de compra.[64]

---

[62] Observe que muitas vezes os economistas que calculam as elasticidades da oferta durante longos períodos o fazem assumindo que o perímetro da indústria permanece o mesmo, o que está longe de ser o caso quando a desindustrialização avança.

[63] LINDENBOIM, Juan; SALVIA, Agustín. *Hora de balance proceso de acumulacion, Mercado de trabajo y bien estar.* Argentina, 2002-2014.

[64] SALAMA, Pierre. "Argentina, para avanzar sin retroceder", *Herramienta*, n. 62, 2019, pp. 119-145.

2.7 Causas da tendência à estagnação da taxa de crescimento do PIB por país

a. A tendência à estagnação não se explica da mesma forma nos grandes países latino-americanos

A tendência à estagnação tem causas comuns, é claro, mas o peso de cada fator é diferente. Em geral, a reprimarização acentuou os comportamentos rentistas de empreendedores pré-existentes. A taxa de investimento é baixa, levando a uma maior financeirização e desindustrialização, com efeitos de longo prazo no crescimento. Isso afeta particularmente a Argentina, o Brasil e, em menor medida, o México, sendo a mão de obra "exportada" sua matéria-prima.

A dupla industrialização-desindustrialização no México não produz os efeitos que se esperaria em termos de crescimento. O motivo é a retirada do Estado e, portanto, pequenos efeitos de *cluster*, que não beneficiam as importações. Resta uma industrialização por "montagem", incapaz de compensar os efeitos deletérios da desindustrialização.

A altíssima volatilidade tem efeitos negativos sobre o crescimento. O "*stop*" deixa marcas profundas e o "*go*" não permite encontrá-las, o que diz respeito a todos os países, mais particularmente à Argentina.

Por último, mas não menos importante, o fator mais importante é a desigualdade muito significativa de renda e riqueza. É certo que as desigualdades não eram muito importantes nos países do Cone Sul como a Argentina – em relação aos demais países latino-americanos –, mas passaram a ser desde os anos 1990, e esses países tornaram-se latino-americanos assim, a tendência à estagnação até a década de 1990 foi explicada principalmente pela vulnerabilidade externa e pela frequência de "*stop-and-go*", desde então as desigualdades desempenham um papel importante no mesmo nível dos países do cone norte-latino-americano.

Causas da tendência de estagnação da taxa de crescimento do PIB

	Argentina	Brasil	México
Reprimarização	+	++	+
Industrialização-desindustrialização	+		++
Volatilidade	+++	+	+
Desigualdades	+ depois ++	+++	+++

b. A crise é estrutural na América Latina

Só as respostas estruturais podem superar os obstáculos ao desenvolvimento sustentável, à inclusão daqueles, a maioria, que são rejeitados. Não fazê-lo e propor pequenas reformas é um pouco como colocar um *band-aid* em uma perna de madeira, o que é o caso na maioria das vezes, com exceção de interlúdios em que governos populistas progressistas conseguiram melhorar a vida das pessoas mais pobres, sem entretanto empreender reformas radicais como as voltadas ao sistema tributário. As reformas necessárias são sete:

1. O *boom* da agricultura de exportação ocorreu às custas dos camponeses. A maior parte da mineração foi realizada em detrimento das populações indígenas. A reprimarização foi feita sem respeitar o meio ambiente e a saúde dos camponeses, garimpeiros e das populações do entorno. Isso resultou na deterioração de sua saúde e na migração econômica forçada para as cidades. A imposição de padrões ambientais e seu respeito é cada vez mais uma necessidade para a sobrevivência;

2. No contexto latino-americano, onde o mercado interno desempenha um papel importante, é necessário aumentar o poder de compra do salário. Essa melhora no poder de compra pode impulsionar o mercado interno. A justiça social encontra paradoxalmente a eficiência econômica: mais empregos, menos informalidade;

3. Essa melhora passa principalmente pela redução das desigualdades sociais graças a uma reforma tributária que seja progressiva e possa promover a solidariedade. Esta não é apenas uma necessidade ética, mas também econômica;
4. É necessário melhorar a capacidade do tecido industrial para responder ao aumento da demanda, aumentando os gastos em pesquisa e desenvolvimento, melhorando substancialmente a produtividade do trabalho e a taxa de investimento no setor industrial e dos serviços de alto nível que são a eles tecnologicamente relacionados e, assim, permitir que as empresas produzam bens complexos e de alta tecnologia em par com o que a Coreia do Sul fez e está fazendo;
5. Uma política industrial agressiva que aposta nas indústrias do futuro, que permite o aumento da produtividade do trabalho e o aumento dos investimentos, condições necessárias para compatibilizar o aumento da renda do trabalho com a melhoria da competitividade;
6. Desenvolver uma política de redistribuição em favor das categorias mais vulneráveis.
7. Por fim, a escolha de uma taxa de câmbio desvalorizada é condição *sine qua non* para evitar os efeitos perversos que uma moeda valorizada tem sobre o tecido industrial. Esta não é, entretanto, uma medida miraculosa em si mesma. Para ser eficaz e permitir a reindustrialização, deve vir acompanhada de um conjunto de outras medidas, as que acabamos de nos referir.

As medidas tomadas isoladamente não são eficazes. O Brasil é prova disso: a queda drástica das taxas de juros e a desvalorização da moeda não são suficientes para reanimar a economia há dois anos. São todas essas medidas que constituem uma ruptura. A crise causada pela pandemia pode ajudar a fomentar essa ruptura, mas exige que projetos alternativos sejam apoiados por mobilizações massivas.

Conclusão

Provavelmente estamos entrando em uma nova era do capitalismo. Este último provavelmente terá muita dificuldade em funcionar da mesma maneira que antes. Após o neocapitalismo marcado pelo aumento da intervenção estatal após a Segunda Guerra Mundial em alguns países da América Latina, após a retirada do Estado do setor produtivo na década de 1990 e a fase neoliberal que lhe corresponde, nós provavelmente estamos entrando em uma nova fase, a da volta do neocapitalismo "sem os *sovietes*, mas com a revolução digital" ou talvez, sendo muito otimistas, a da construção de um socialismo, combinando os *sovietes*, o digital e o fim programado do Estado em vez de sua consolidação por meio de uma burocracia predatória.

Os efeitos deletérios da globalização exigem um retorno ao protecionismo, sem saber exatamente se este será uma reversão total da ruptura internacional das cadeias de valor, ou mesmo parcial em nome da soberania nacional. A questão a partir daqui é definir o curso a seguir levando em consideração os setores a serem protegidos e as produções a serem realocadas. Vemos que por trás dessa questão estão os limites do produtor mercantil e sua lógica do lucro, e de uma nova definição da fronteira entre o mercantil e o não-mercantil[65].

"Sejamos realistas, vamos pedir o impossível" é a única maneira de sair do buraco em que os países latino-americanos estão se afundando há tantos anos.

Provavelmente estamos entrando em uma nova era do capitalismo. O capitalismo terá muita dificuldade de funcionar da mesma forma que antes, pelo menos economicamente. Após o neocapitalismo

[65] Conhecer os custos do não-mercantil sem torná-los um constrangimento absoluto, essa é a aposta e por trás dela não estão apenas as relações entre mercado e Estado, mas também a capacidade do Estado de impor mais regras coercivas, da qual o mercado fique isento ao se internacionalizar. É também a do controle estatal por meio da participação popular, junto com o parlamento, não sendo o Estado nem um *deus ex machina*, nem neutro, mas capaz de definir suas intervenções de acordo com uma lógica de preservação e fortalecimento da própria burocracia.

marcado pelo aumento da intervenção estatal após a Segunda Guerra Mundial e em alguns países da América Latina, após a retirada do Estado do produtivo nos anos 1990 e a correspondente fase neoliberal, estamos provavelmente entrando em uma nova fase, a de um retorno ao neocapitalismo "sem soviets, mas com a revolução digital" ou talvez, com muito otimismo, a da construção do socialismo, combinando soviets, digital e o fim programado do Estado tout court em vez de sua consolidação através de uma burocracia predatória?

CAPÍTULO III

DO SARS-COV-2 A UM VÍRUS SOCIAL NA AMÉRICA LATINA

3.1 Introdução

A pandemia não causou a crise econômica que a América Latina atravessa desde o início de 2020. Ela a precipitou. Em alguns países já existia uma crise mais ou menos aberta: Venezuela, Argentina e, em menor grau, México. Em outros países, houve uma desaceleração da atividade econômica e no Brasil uma grande dificuldade em retornar a um crescimento apenas modesto após a forte crise de 2015-2016. Todos esses países são caracterizados por uma tendência à estagnação econômica de longo prazo. Ao contrário das economias asiáticas, o SARS-CoV-2 tem seus efeitos em países enfraquecidos por décadas de crescimento lento, desigualdades de renda e consequente pobreza, e infraestrutura de saúde na maioria das vezes mal preparada para fazer frente à eclosão da pandemia Covid-19. Não é a pandemia que está causando a crise atual, ela a está precipitando. O fator exógeno que é a pandemia atua sobre um tecido econômico e social enfraquecido da América Latina. Não bastará, portanto, que essa pandemia, esse fator exógeno, desapareça para que a situação anterior volte a todos os países, avançados ou não, e *à fortiori* na América Latina.

A pandemia, através de medidas de contenção tais como o encerramento de negócios que não os essenciais no dia a dia, evidenciou as disfunções da hiperglobalização. Ninguém pensava que as novas formas da globalização, nomeadamente a desagregação internacional das cadeias de valor, poderiam enfraquecer as várias economias a ponto de as tornar extremamente vulneráveis. Bastou uma pandemia para o atual sistema econômico entrar em colapso com um efeito cascata alimentando-se mutuamente. A incapacidade de abastecer segmentos da cadeia de valor internacional (China, a primeira afetada pela pandemia, o fechamento da maioria de suas fábricas[66] e as consequências do confinamento da população fora dos que trabalham nos setores do saúde, alimentação e transporte), leva, em outros lugares, em outros países, a paralisações de produção mais ou menos importantes, um aumento no desemprego e, portanto, uma queda na demanda, precipitando uma depressão econômica nas economias já enfraquecidas.

3.2 Que políticas foram decididas para lidar com as consequências sociais e econômicas da pandemia na América Latina?

a. Retorno do Estado-Nação

Os déficits públicos estão crescendo consideravelmente como resultado da queda – às vezes drástica – das receitas públicas, associada à escala da crise e, especialmente, ao aumento, às vezes considerável, dos gastos públicos.

Estamos testemunhando um retorno do Estado-Nação por três motivos. O *primeiro* é social. A crise tem um custo humano considerável que levou alguns Estados latino-americanos a intervir maciçamente para aliviar os custos, com a notável exceção do México. É o caso do Peru, da Argentina, um pouco menos do Brasil. Em geral, e mais

66 Com algumas exceções: a fábrica de memória de Wuhan continuou a operar no meio do período de confinamento e, mais geralmente, a que produzia circuitos integrados, embora a demanda ocidental tenha enfraquecido.

particularmente nos países europeus avançados, a pandemia está pressionando os governos a intervir maciçamente no setor de saúde, para assumir o controle de uma parte às vezes muito grande dos salários de empresas do setor privado forçadas a cessar temporariamente suas atividades, para fornecer ajuda direta às pessoas mais pobres. Apenas o Estado parece estar em posição de responder.[67] Como a caridade está longe de ser capaz de fazer isso, o acesso a hospitais privados e caros não é, ou é pouco possível para grande parte da população latino-americana. Vimos isso no capítulo anterior.

A *segunda* razão é que esta pandemia é indicativa do fracasso da globalização conforme essa se espraiou e impôs as suas regras do jogo nos últimos vinte anos. Bastou uma pandemia para o atual sistema econômico entrar em colapso com um efeito cascata alimentando-se mutuamente.

A *terceira* razão é a contrapartida do fracasso da globalização. Os efeitos deletérios da globalização exigem um retorno do protecionismo, sem que se saiba exatamente se este será o abandono total ou parcial do desmembramento internacional das cadeias de valor, em nome da soberania nacional. A questão a partir daqui é definir as decisões cruciais levando em consideração os setores a serem protegidos e as produções a serem realocadas. Vemos que por trás dessa questão estão os limites do mercado e sua lógica do lucro, e de uma nova definição da fronteira entre o mercado e o extramercado. Conhecer os custos do que pertence ao extramercado sem torná-lo um constrangimento absoluto, essa é a aposta e por trás dela não estão apenas as relações entre o mercado e o Estado, mas também a capacidade do Estado de impor mais regras coercivas, da qual, até hoje, o mercado ficou isento ao se internacionalizar. É também o do controle estatal por meio da participação popular, acompanhado do Parlamento, não sendo o Estado um *deux ex machina*, nem neutro, e muitas vezes capaz de definir suas intervenções de acordo com uma lógica de preservação e fortalecimento da própria burocracia.

---

67 RACHMAN, Gideon. "O nacionalismo é um efeito colateral do corona vírus". *Financial Times*, 2020. Disponível em: https://www.ft.com/content/644fd920-6cea-11ea-9bca-bf503995cd6f. Acesso em: 15 de maio de 2021.

Será que o aumento da intervenção do Estado, sua percepção da incapacidade de conter as consequências sociais da crise, clama por mais populismo nos países latino-americanos? Que tipo de populismo poderia ser: progressista porque redistributivo, extrema direita porque rejeita as minorias e busca revitalizar a Nação em valores identitários e/ou religiosos[68]? As tendências já estão aí, mas é difícil decifrá-las. Portanto, é preciso relembrar o que distinguia os dois populismos nos anos 2000. Esse é o assunto da seção seguinte.

b. As políticas de controle de contágio estão geralmente bem abaixo do que seria necessário, especialmente no México, Nicarágua e Venezuela

São por vezes hesitantes, contraditórios, reflexos de oposições entre os governadores dos Estados e a presidência do Estado central, uns procurando proteger as suas populações confinando-as e fechando fábricas não essenciais à vida quotidiana, outros, no nível central, ao minimizar as consequências da pandemia para a saúde, mobilizam suas tropas para se oporem ao confinamento e fechamento de empresas, fazem campanha pelo retorno ao trabalho, embora às vezes concordem relutantemente em conceder ajuda aos pobres que trabalham no mercado informal por um período limitado de tempo, assim como em adiar o pagamento de encargos e facilitar empréstimos a empresas, etc. É o caso do Brasil, mas também, em menor medida, do México no qual, embora aceite o confinamento decidido pelas autoridades locais e medidas de barreira, o presidente tenha decidido estender a categoria de negócios essenciais às *maquilas*[69] produtoras para os Estados Unidos e, sob pressão deste país, recusa-se a conceder ajuda às empresas em nome do princípio sagrado do orçamento equilibrado. Essas políticas, no entanto, às vezes são proativas. É o caso do Peru, que está empenhado em ajudar principalmente as empresas (com muita corrupção como em muitos

[68] Isto não exclui políticas redistributivas ("auxílio") de natureza principalmente clientelismo, como pode ser visto no Brasil. É graças a esta política que a popularidade do Presidente Bolsonaro tem aumentado entre os pobres.

[69] Empresas que exportam para os Estados Unidos montam produtos da indústria automotiva, principalmente eletroeletrônicos.

países da América Latina), mas que, por ter demorado a tomar medidas de contenção estritas, vive uma explosão de contaminação e mortes. É o caso especialmente da Argentina, que combina a assistência aos trabalhadores com empregos formais (cerca da metade do total de empregos, privados e públicos), afetados pelo fechamento ou paralisação de empresas, "proíbe" demissões (os trabalhadores da indústria deveriam receber 75% do seu salário líquido), aumenta a ajuda aos mais pobres (7,8 milhões de pessoas), ajuda que se soma às aposentadorias e pensões e a AUH (benefício universal por criança), "subsidia" quase 60% das empresas – algumas, em torno de 20%, não cumprem os pré-requisitos e 17% são muito pequenas – adia o pagamento de encargos e impostos, congela aluguéis o que em tempos de alta inflação é importante. Apesar deste amplo espectro, no entanto, esta ajuda é insuficiente dada a importância da crise e do aumento do desemprego, da pobreza e da diminuição do rendimento do trabalho.

Em geral, as políticas de combate aos efeitos sociais e econômicos do contágio da Covid-19 são de dois tipos: 1. Medidas de "barreira", lavagem sistemática das mãos e confinamento parcial (excluindo pessoas que trabalham em setores relacionados à saúde, alimentação e transporte); 2. Políticas econômicas anticíclicas para desacelerar a escalada da crise e, no futuro, reanimar a economia.

As primeiras medidas encontraram dificuldades de implementação nos bairros que reúnem os habitantes mais desfavorecidos. Em casos extremos, as casas não têm água potável ou mesmo encanada e, por isso, é difícil lavar as mãos regularmente, a densidade populacional é muito elevada e por isso as medidas de "barreira" não são fáceis de aplicar e, finalmente, como a maioria das pessoas que vivem nessas condições na maioria das vezes têm empregos informais e não são ou são mal protegidas pelo sistema de saúde, o confinamento é reduzido a escolher entre Caribdis e Cila, seja para morrer de fome respeitando o confinamento, ou aumentar consideravelmente a possibilidade de ser contaminado e contaminar o bairro indo para o trabalho, a menos que o governo pague uma ajuda. Vimos que esse não foi, nem de longe, o caso em todos os lugares. O acesso aos hospitais públicos despreparados para essa epidemia e sobrecarregados empurra muitos pobres afetados pelo vírus a preferirem ficar em casa, ou mesmo lá morrer, o que explica em parte a subestimação do número de mortes. Soma-se a isso o desejo de alguns presidentes – no Brasil de forma caricatural –, mas também das seitas evangélicas, cuja influência é particularmente alta entre os mais pobres e menos instruídos,[70] de fazer de tudo para se opor ao confinamento imposto por governadores estaduais (no caso de uma federação) sob o pretexto de que, se a contenção fosse aplicada, ela levaria a uma crise irreparável com um número de mortes superior ao produzido pela pandemia.[71]

Ao contrário do que se possa pensar, não é principalmente a diferenciação social que explica por que os pobres são os mais vulneráveis.[72] Existem lugares onde os pobres são importantes e a pandemia fraca. É, antes de tudo, o surgimento de aglomerados e, dentro desses aglomerados, os pobres constituem a população mais vulnerável, depois dos estratos médios e, em maior medida, dos mais ricos. Como disse Jean de la Fontaine em seu tempo em *Os animais doentes da peste*: "Um mal que espalha terror, mal que o céu na sua fúria inventou para punir os crimes da terra... Nem todos morreram, mas todos foram feridos...

---

70 Por que uma alta proporção de evangélicos seria um fator para o agravamento do contágio? Como muitos deles negam a gravidade da epidemia, continuam a praticar o culto, acreditando que a proteção divina será suficiente para evitar que adoeçam. Nesse sentido, são encorajados pelo Presidente da República, ele próprio evangélico e vítima de uma espécie de "complexo milagroso", que não cessa de minimizar a pandemia e as suas vítimas sugerindo que "Deus reconhecerá os seus".

71 Este último argumento reaparece em países avançados, mas após semanas de confinamento. Foi defendido também por quem considerou implantar a imunização em massa (60% da população) pela via do contágio, esquecendo-se do número considerável de mortes que causaria, razão pela qual também foi abandonada na Grã-Bretanha, na Holanda e parcialmente, de forma tímida, por Trump nos Estados Unidos.

72 Juntamo-nos a Nora Lustig, especialista em desigualdades na América Latina, que escreve no *Financial Times* de 27 de abril de 2020: "Os pobres são mais suscetíveis a infecções e altas taxas de mortalidade. Como as pessoas podem lavar as mãos com segurança nas favelas?", ou ainda Hervé Théry (2020) que, graças ao uso de anamorfoses (mapas transformados segundo critérios estatísticos como pobreza, peso das igrejas etc.), conclui: "Entendemos como a pobreza é um elemento de agravamento da crise, especialmente porque este fator desempenha um papel na maioria dos países, tanto na América Latina como na América do Norte."

Um mal que espalha terror, Mal que o céu em sua fúria Inventou para punir os crimes da terra... Nem todos morreram, mas todos foram golpeados..." Desigualmente, segundo o seu grau de riqueza e o seu acesso aos hospitais.

c. A pandemia atua em um "corpo doente"

O fechamento de empresas – exceto aquelas necessárias à manutenção do sistema de saúde e abastecimento de alimentos – e as medidas de contenção decididas pelos governos para reduzir a intensidade do contágio da SARS-CoV-2, causam uma crise de uma escala sem igual no mundo: em todos os lugares a produção está caindo, o desemprego está crescendo, a renda está caindo, de forma desigual, a depender do país. Depois de ter alcançado os países do Extremo Oriente, depois a Europa e depois os Estados Unidos, chega agora à América Latina e talvez, amanhã, à África.

A crise afeta profundamente as economias latino-americanas. A produção cai, o comércio internacional se retrai, aumenta o desemprego e com ele a informalidade dos empregos, diminui a renda e aumenta a desigualdade de renda, já muito elevada[73]. Mas a crise já percorreu um

[73] Segundo Alicia Bárcena, secretária-geral da Cepal (Comissão Econômica das Nações Unidas para a América Latina e o Caribe): "A região já vivia um fraco desempenho econômico nos últimos sete anos, antes mesmo do aparecimento do vírus" [...]. A combinação de preços baixos de commodities, o colapso do mercado de petróleo, uma queda acentuada nas remessas e o colapso do turismo deram origem a previsões de que a pandemia prejudicará as economias da América latina do que as de qualquer outra região em desenvolvimento. O FMI previu neste mês que o PIB do continente cairá 5,2% neste ano, uma queda muito mais acentuada do que na África Subsaariana, Oriente Médio ou Sul da Ásia. As projeções da CEPAL mostram que a taxa de pobreza na América Latina e no Caribe chegará a 34,7% ao final do ano, seu nível mais alto desde 2007. Número de pessoas em situação de extrema pobreza deverá aumentar em 16 milhões para 83 milhões. A América Latina já é a região mais desigual do mundo em termos de renda, e o aumento acentuado da pobreza projetado ocorre poucos meses após uma onda de protestos de rua em protesto contra as desigualdades e os sistemas de saúde, proteção social e educação inadequadas, que abalaram países da Colômbia ao Chile"), *Financial Times*, 27 de abril de 2020. Ou ainda, no boletim da Cepal: "A pandemia provocada pela COVID-19 revelou os problemas estruturais do modelo econômico e as deficiências dos sistemas de proteção social e do Estado de bem-estar. Por isso, a volta à normalidade não é o caminho, temos que repensar o modelo de

longo caminho. A pandemia está se precipitando, como veremos em alguns países, entre os mais importantes da América Latina.

De 1980 a 2016, o crescimento médio do PIB per capita na Argentina foi em média 0,64%, inferior ao observado para todos os demais países latino-americanos, de 1,4%.[74] A crise começa abruptamente em meados de 2018. Durante o primeiro trimestre de 2018, o crescimento positivo foi de 4,1%, mas no segundo trimestre a economia *caiu* 3,8% (a seca explicando em parte essa queda), no terceiro trimestre encolheu 3,7%, no quarto trimestre se retraiu em 6,2% e no primeiro trimestre de 2019 voltou a cair 5,7% de acordo com dados oficiais do INDEC. Além disso, antes mesmo que as consequências econômicas da pandemia se manifestem, Argentina e Venezuela estão passando por uma profunda crise econômica associada a uma inflação que se tornou mais ou menos incontrolável, especialmente na Venezuela.

O México é quase um caso clássico. Apesar de sua abertura externa, supostamente para impulsionar seu crescimento de acordo com especialistas de instituições internacionais e muitos economistas tradicionais, a taxa de crescimento do PIB per capita mexicano foi de apenas 0,8% em média ao ano entre 1983 e 2017, muito mais baixa do que a dos Estados Unidos no mesmo período. O México finalmente entrou em recessão em 2019, e outros países estão passando por uma desaceleração em sua atividade econômica (Colômbia, etc.).

Uma tendência de estagnação econômica do PIB per capita tem caracterizado o crescimento brasileiro desde a década de 1990 (cf. *infra,* capítulo 2). Mais precisamente, segundo o IBGE, a taxa média de crescimento do PIB *per capita* ao ano foi de 0,96% entre 1980 e 1989, -0,13% entre 1990 e 1994, 0,66% entre 1995 e 1999, 1,93% entre 2000 e 2004, um pouco mais sob as presidências de Lula I (2003-2007) e II

---

desenvolvimento e consolidar suas dimensões econômica, social e ambiental de desenvolvimento sustentável, sem esquecer de ninguém", disse Alicia Bárcena.

74 COATZ, Diego; DÍAZ, Fernando García; PORTA, Fernando; SCHTEINGART, Daniel. "Incentivos y trayectorias de cambio estructural" *In:* MERCADO, R. "Ensayos sobre desarrollo sostenible, la dimensión económica de la agenda 2030 en Argentina", PNUD, 2018.

(2007-2011) do que de Dilma I (2011-2015), ou seja, 2,41% em média entre 2005 e 2009 e 2,29% entre 2010 e 2014. A crise cresceu em 2015 e 2016, a ponto de ser a mais severa desde 1930, já que a taxa de crescimento caiu drasticamente: -3,8% em 2015 e -3,5% em 2016. A recuperação é lenta, para dizer o mínimo. Todas as previsões de uma retomada do crescimento são desmentidas pelos fatos, apesar da reforma da previdência e as privatizações, que deveriam dar uma dinâmica ao crescimento: 1,3 % em 2017 e em 2018 e 1,1% em 2019, ou seja, zero *per capita,* ao contrário do que se seguiu à recessão de 2009, quando em 2010 atingiu-se um pico de 10%. No total, o crescimento *per capita* entre 2015 e 2018 foi de -1,89% ao ano. O Brasil, após uma crise muito pronunciada, equivalente à dos anos 1930, mostra-se, portanto, incapaz de se recuperar.

Quase todos os países da América Latina voltaram a ter constrangimentos externos nos últimos anos com a queda do preço das matérias-primas e dos volumes vendidos. A generalização da crise em nível mundial hoje e a queda acentuada da demanda dos países asiáticos, grandes importadores de matérias-primas, acentuam a pressão exercida pelos constrangimentos externos.

3.3 As primeiras consequências econômicas e sociais da pandemia: um tsunami

A crise pandêmica se soma a outras crises latentes ou presentes. A mistura é explosiva principalmente quando os governos não mediram, ou mediram com atraso, a extensão do perigo e minimizaram os riscos (um amuleto poderia servir como remédio para a pandemia, segundo o presidente do México, uma gripezinha para o presidente do Brasil).

Nem todos os países deram a mesma importância à saúde, nem tiveram a mesma preocupação quando a pandemia se espalhou. Argentina, em crise, certamente gasta mais com saúde e dá mais interesse à pandemia; o Brasil também é um dos países que mais gasta com saúde, mas o presidente não concede muito interesse à pandemia; o México é o país entre os três que menos gasta com saúde, mas mesmo negando a importância da pandemia, dá-lhe mais interesse do que o Brasil. No final de maio de 2020, segundo dados oficiais, o Brasil é o país mais afetado, tanto em dados absolutos quanto relativos (por 100.000 habitantes), o México vem a seguir e a Argentina é o menos afetado, embora em algumas favelas dos subúrbios de Buenos Aires existam aglomerados importantes.

a. Um déficit de saúde mais ou menos pronunciado, desigualdades na morte

Quase todos os países latino-americanos pagam um preço alto pelo fato de seus gastos com saúde serem insuficientes. O gasto total, público e privado, em saúde na América Latina representa 8,5% do PIB, de acordo com a OCDE. Essa porcentagem é amplamente insuficiente em muitos países. Quando comparamos esse gasto com o dos países da OCDE, observamos que, em 2014, o gasto público e privado com saúde era em média 12,5%, com fortes disparidades: 16,9% do PIB nos Estados Unidos, 11,2% na Alemanha e França e 5,5% no México. Na América Latina, segundo dados da OMC, retomados e comentados por O. Cetrangolo e A. Goldschmit, 2019, Uruguai, Argentina, Brasil[75], Equador, Costa Rica, Chile, Paraguai, Nicarágua e Honduras superam, pela ordem, a média latino-americana em 7% (sem ponderação populacional). Todos os demais países estão abaixo dessa média, estando o México entre os últimos, à frente da Guatemala, Peru e Venezuela, os últimos, com apenas 3,2% do PIB.

Os sistemas públicos de saúde são muitas vezes fragmentados de acordo com as empresas (petroleiros, estaduais, etc.), mas também de acordo com o Estado central, Estados federados, grandes cidades. Essa

---

[75] Os dados comparativos que temos são de 2014. Desde então, a situação mudou, principalmente no Brasil. Desde 2014, o financiamento da saúde do Estado central se deteriorou acentuadamente, encargos sociais pagos pelas empresas na folha de pagamento, bem como contribuições obrigatórias para financiar saúde, aposentadoria etc. Em 2015 e 2016, a diminuição da atuação do Estado foi ainda mais acentuada em particular pela aprovação de uma lei sobre a limitação da despesa pública ("teto de gastos públicos"), de forma que face à escassez de recursos, os municípios gastaram mais para compensar um pouco, entrando assim em uma crise fiscal. No final, às vésperas da pandemia, o sistema de saúde brasileiro sofreu muito com esses cortes sucessivos e mal estava pronto para enfrentar a pandemia.

fragmentação e descentralização pode aumentar a eficiência do sistema de saúde como na Alemanha, mas pode também fazer o contrário, acentuando sua ineficiência e facilitando o aumento da corrupção.

O gasto público com saúde é constituído por contribuições do Estado e contribuições obrigatórias dos trabalhadores. Os primeiros são especialmente importantes no Uruguai (28% do total dos gastos públicos e privados), um pouco mais de 30% na Argentina, 42% no Brasil, muito pouco no Chile (cerca de 2%), um pouco menos de 25% no México (veja o gráfico abaixo). A participação das contribuições obrigatórias é especialmente elevada no Uruguai (40%) e na Argentina (45%), particularmente elevada na Costa Rica (67%), um pouco menos no Chile e na Colômbia (59%), este último país tendo gasto total em saúde (público e privado) inferior à média latino-americana. Uruguai, Argentina, Costa Rica têm sistemas de saúde que priorizam amplamente os gastos públicos, 70% para o primeiro, 80% para o segun[illegible] para o terceiro. Esta despesa pública equivale a 60% da des[illegible] Chile, 70% na Bolívia e Colômbia, 50% no México.

Quando analisamos a divisão entre gastos públicos [illegible] em saúde, observamos fortes disparidades entre os países. E[illegible] o peso do gasto privado é significativo, tem crescido nos últi[illegible] em detrimento do gasto público, ou seja, solidário. São despe[illegible] correspondem a contribuições voluntárias para sistemas priva[illegible] saúde, dando acesso a hospitais, clínicas privadas e complement[illegible] ou mesmo permitindo complementar, a insuficiência dos serviços [illegible]blicos. Mas são também despesas privadas resultantes do pagament[illegible] honorários por serviço de pessoas que não contribuíram e podem pa[illegible] ("gasto de *bolsillo*", ou seja: pagar do próprio bolso). Este último é particularmente importante na Guatemala (58% de todos os gastos públicos e privados), 48% em Honduras, 45% no Equador, 48% na Venezuela e 40% no México.

Nível percentual do PIB (eixo da direita) e estrutura do total de gastos públicos e privados em saúde (eixo da esquerda) na América Latina, 2014

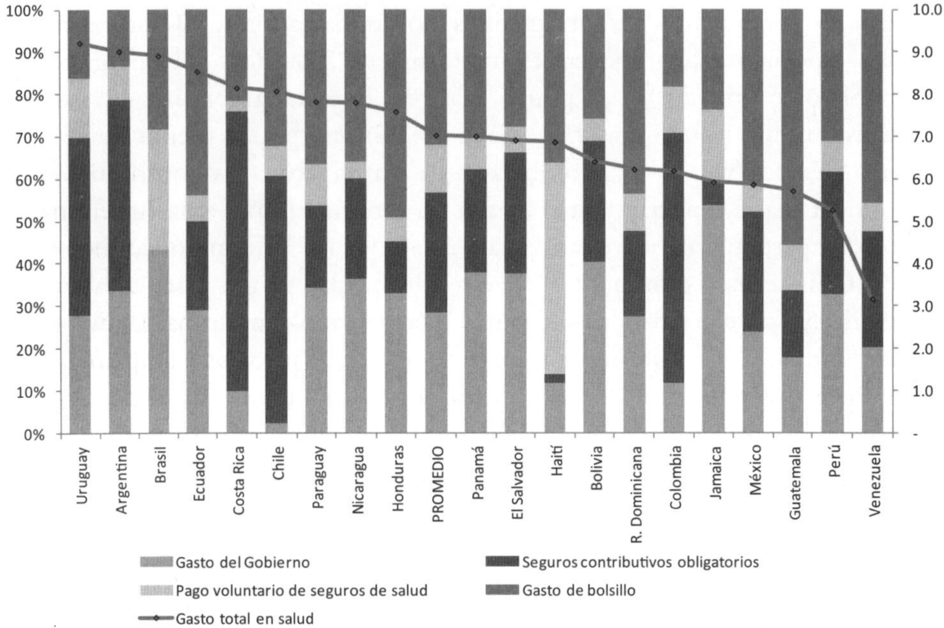

Fonte: http://iiep-baires.econ.uba.ar/uploads/publicaciones/506/archivos/2.pdf.

A importância dos gastos privados e seu aumento relativo são indicadores do déficit solidário do sistema de saúde. Quanto maior essa participação, menos unificado o sistema. Quando a despesa pública e privada total, como percentagem do PIB, é baixa e a percentagem da despesa privada é grande, a solidariedade é muito baixa.

Quando comparamos o número de leitos (UTIs) por 100.000 habitantes e o número de ventiladores, em 2020, observamos que o Brasil – com disparidades regionais muito fortes – disponibiliza aos seus pacientes um terço de leitos a menos e 3/5 de ventiladores a menos do que os Estados Unidos. A Argentina é um pouco melhor dotada de leitos de terapia intensiva, o México está muito atrás e o Peru ainda mais distante, como pode ser visto no gráfico abaixo (*The Economist*, 8 de abril de 2020)[76]. Se acrescentarmos que os 25% mais ricos da população – os ricos e as classes alta e média – têm mais acesso ao sistema de saúde privado e que este último tem cerca de metade dos leitos de terapia intensiva e ventiladores, é compreensível que a situação de saúde da maior parte da população seja particularmente vulnerável.

A obesidade é uma doença dos tempos modernos e atinge hoje principalmente os mais pobres, enquanto no início do Século 20 simbolizava a riqueza como pudemos ver nos filmes de Esenstein. É causada na maioria das vezes por "*junk food*". Os pobres estão cada vez mais obesos no México, um pouco menos no Brasil e relativamente menos na Argentina. Eles também estão mais obesos nos Estados Unidos e na Grã-Bretanha. A obesidade está frequentemente associada à diabetes, pressão alta e problemas cardiovasculares. Todas essas comorbidades enfraquecem os pacientes com o vírus Covid-19, tornando alta a taxa de letalidade.[77] Isso explica por que os pobres são mais vulneráveis à pandemia do que outras categorias da população. Esse não é o único fator, é claro. As condições de vida – acesso à água – e a

[76] Os países com mais de 10 leitos hospitalares - públicos e privados - por mil habitantes (não se tratando de leitos de terapia intensiva conhecidos como reanimação) apresentaram a menor taxa de mortalidade causada pela pandemia. Segundo a OCDE, em 2017 a Coreia do Sul tinha 12,7 leitos por mil habitantes, a Alemanha 8, a França 5,97, os Estados Unidos 2,76, o Chile 2, o Brasil 1,95 leitos e o México 1,39. Curiosamente, o percentual de leitos em hospitais públicos sobre o total de leitos públicos e privados é de 10,2% na Coreia do Sul, 40,8% na Alemanha - com a observação de que os hospitais privados estão sujeitos a um serviço público universal -, 61,6 % na França, 22,1% nos Estados Unidos, 73,9% no Chile e 73,9% no México (Ver O. Cetrangolo e Goldschmit, abril de 2020, blog *Alquimias económicas*). Nos últimos dez anos, o Brasil cortou de 40.000 a 50.000 leitos por falta de recursos suficientes para mantê-los (*O Globo*, 23 de março de 2020, ver também *Financial Times* de 13 de abril de 2020).

[77] Em países avançados, são especialmente os idosos que correm maior risco de sucumbir à pandemia porque sofrem mais do que os jovens com diabetes, hipertensão, etc. Na América Latina, mais jovens são afetados. No final de março, um quarto dos pacientes internados no Rio de Janeiro com esta pandemia tinha menos de 40 anos.

superlotação – densidade populacional nas favelas – também explicam sua maior vulnerabilidade. O fato de serem obrigados a trabalhar e usar o transporte público também aumenta o risco de contágio.

Desigualdades diante da pandemia

O confinamento é, na maioria das vezes, impossível de ser aplicado nas favelas mais miseráveis por razões óbvias: a superlotação tornando o distanciamento social difícil, condições sanitárias desastrosas levando a grandes dificuldades para lavar as mãos com frequência e, acima de tudo, a informalidade e a pobreza combinadas fazem do direito à retirada uma abstração, que a escolha é, de fato, entre trabalhar ou morrer de fome.

Em casos extremos, as casas não têm água potável ou mesmo água corrente, portanto, é difícil lavar as mãos regularmente, a densidade populacional é muito alta e as medidas de "barreira" não são fáceis de aplicar e, finalmente, como a maioria das pessoas que vivem lá frequentemente têm empregos informais e não estão ou estão mal protegidas pelo sistema sanitário, o confinamento é reduzido a uma escolha entre Charybdis e Scylla, o morrer de fome respeitando o confinamento ou aumentando consideravelmente a possibilidade de ser contaminado e contaminar a vizinhança enquanto se vai para o trabalho. O acesso a hospitais públicos superlotados que estão mal preparados para esta epidemia leva muitas pessoas pobres infectadas pelo vírus a preferir ficar em casa ou mesmo morrer lá, o que explica em parte a subestimação do número de mortes. Como observam vários sociólogos e médicos brasileiros, pacientes pobres morrerão em casa ou mesmo "na porta do hospital" (O Globo, 23 de março de 2020).

Além disso, há a disposição de certos presidentes – no Brasil de forma caricatural – mas também de seitas evangélicas – cuja influência é particularmente alta entre os mais pobres e menos instruídos – de fazer todo o possível para se oporem ao confinamento imposto pelos governadores estaduais (no caso de uma federação) ou autoridades locais sob o pretexto de que esta pandemia é apenas uma pequena gripe e que se o confinamento fosse aplicado levaria a uma crise irreparável produzindo um número de mortes maior do que o produzido pela pandemia[78].

Portanto, é compreensível que a pandemia possa afetar particularmente as pessoas mais pobres, que não têm outra escolha senão continuar a viver em suas favelas superlotadas e ir trabalhar[79], e que sofrem toda a força do contágio sem poder se proteger contra ela em grande medida, como é o caso dos bairros mais ricos onde vivem as classes médias, que também são afetados, mas em menor medida. Isto é tanto mais que os presidentes apelam para que nada seja feito, e as igrejas evangélicas, particularmente entre as mais pobres, que, continuando seus serviços, pregam que a luta contra a pandemia requer um fortalecimento da fé e dos ensinamentos da Bíblia.

Nas categorias modestas, as classes médias também estão expostas à pandemia, mas em menor grau porque se alimentam melhor em geral, têm acesso à água, podem lavar as mãos, vivem em espaços maiores e alguns podem exercer um trabalho à distância ou mesmo ficar em casa.

---

78 Este último argumento reaparece nos países avançados, mas após semanas de confinamento. Também foi apresentada por aqueles que consideravam que a imunização em massa (60% da população) era contagiosa, esquecendo o número considerável de mortes que causaria, razão pela qual foi abandonada na Grã-Bretanha, na Holanda e parcialmente, embora timidamente, por Trump nos Estados Unidos.

79 Concordamos com Nora Lustig, especialista em desigualdades na América Latina, que escreve no Financial Times de 27 de abril de 2020: "Os pobres são mais suscetíveis a infecções e altas taxas de mortalidade. Como as pessoas podem lavar suas mãos com segurança em favelas?" ou Hervé Théry (2020) sobre os pobres, membros de igrejas evangélicas, *op. cit.* "Mas por que uma alta proporção de evangélicos seria um fator de agravamento do contágio? Porque muitos deles negam a gravidade da epidemia, continuam a realizar seus cultos pensando que a proteção divina será suficiente para evitar que adoeçam. Eles são incitados a fazê-lo pelo presidente da República, ele próprio um evangélico e vítima de uma espécie de "complexo milagroso", que nunca deixa de minimizar a pandemia e suas vítimas, sugerindo que "Deus reconhecerá os seus".

Quando os governos subestimam o perigo e não têm políticas de prevenção como o distanciamento social e proibições como o confinamento; não decidem pagar aos mais pobres uma renda mínima, ou o fazem de forma insuficiente; quando presidentes se opõem a seus ministros e defendem a manutenção do nível de atividade econômica, zombando de quem se preocupa com a crise de saúde quando o verdadeiro desastre é a crise econômica; quando seitas religiosas, cada vez mais influentes, dizem que, por meio da oração coletiva, podemos repelir Satanás, o cavalo de Tróia da pandemia... então só podemos ser pessimistas. Tal atitude designa como criminosos aqueles que se recusam a enfrentar esta pandemia e advogam o retorno imediato ao trabalho custe o que custar para a humanidade, sem sequer esperar que a pandemia abrande, para que a percentagem de imunizados atinja o mínimo. Mas é também um momento que, por sua magnitude, por suas consequências desastrosas sobre certas categorias da população ou pela exploração política que partidos e igrejas podem fazer dela, seja pelo sectarismo ou pelo populismo, pode abrir caminho para governos de extrema direita.

b. Os primeiros e mais insuportáveis efeitos: o número de mortes

Com o número de mortes conhecido no final de maio, o Brasil é oficialmente o quinto país do mundo com maior número de mortes. O México se aproxima do Brasil, o Peru experimenta um aumento no número de mortes. Oficialmente, mas não oficiosamente, os dados são diferentes. Esses dados devem ser multiplicados por dois ou até quatro.

O número de mortes é de fato subestimado não necessariamente por um desejo claro de esconder a extensão da crise de saúde, mas por conhecimento estatístico insuficiente. Médicos, jornais como o *Financial Times*, observadores que analisam o aumento dos enterros, acreditam que deveriam ser pelo menos quadruplicados de acordo com o *Financial Times* por várias razões. As informações sobre óbitos em hospitais demoram a surgir por motivos técnicos (fragilidade do aparelho estatístico) e/ou institucionais (diferentes níveis: municípios, estados, Estado federal). A informação também é incompleta: muitos óbitos não estão listados por ocorrerem em domicílios ou em pequenos hospitais que não dispõem de meios para diagnosticar as causas dos óbitos. Por fim, alguns presidentes de repúblicas em crise como o Brasil buscam reduzir o número de mortes para legitimar sua luta contra governadores, prefeitos, até seus próprios ministros, e para justificar a retomada dos trabalhos, custe o que custar em termos de vidas humanas.

c. Uma crise de magnitude sem precedentes que só pode agravar a mortalidade direta e indireta na Argentina, Brasil e México

Os dados de que dispomos são provisórios. Na maioria das vezes, são otimistas e são negados no mês seguinte. A crise continua. É difícil saber quando ela vai parar e se a retomada do crescimento será em V, ou seja, alto uma vez que o vale seja atingido, ou se o crescimento retomará sua tendência anterior, em L, sendo uma melhora quase impossível (veja os gráficos). Esta segunda possibilidade é a mais provável. Mas ninguém sabe ainda se a queda e a depressão continuarão por muito tempo ou não por vários motivos: o tecido econômico dos países latino-americanos está enfraquecido pela tendência à estagnação e pelo conjunto de crises, pela duração da pandemia e sua gravidade, a recuperação dos países industrializados e a retomada e, posteriormente, manutenção das exportações de matérias-primas para os países asiáticos.

Concentraremos nossa análise nos três países mais importantes da América Latina: Argentina, Brasil, México, às vezes com referências a outros países como Colômbia, Chile ou Peru. Esses três países são diferentes, como vimos. Lembremos algumas características que os distinguem: O México é o mais aberto e exporta principalmente produtos industriais montados. Argentina e Brasil exportam cada vez mais matéria-prima, sobretudo a primeira. No entanto, todos têm vários pontos em comum: são profundamente desiguais tanto em termos de distribuição de riqueza e renda, têm alto índice de pobreza, desrespeito ao meio ambiente, etc., que constituem o que denominamos as oito pragas da América Latina, no capítulo 2.

A Argentina herda uma situação de crise aberta, interna (queda do PIB, aumento da pobreza e diminuição da renda do trabalho) e externa (incapacidade de pagar a dívida deixada pela presidência de Macri

(2015-2019). Em 2019, a taxa de crescimento do PIB da Argentina foi negativa em -2,2%, segundo dados do INDEC. As projeções do FMI em seu relatório *World Economic Outlook* de abril de 2020 são de crescimento negativo estimado em -5,7%; mais pessimista, o Ministério da Economia considera que o crescimento deve ser de -6,5%, valor que pode piorar e se aproximar da pontuação de pesadelo do fim do plano de conversibilidade em 2001. Essa crise vem acompanhada de um déficit orçamentário cada vez mais importante: as receitas estão caindo por dois motivos: a crise, e o adiamento ou mesmo a anulação de impostos de um lado e o aumento das despesas de apoio às famílias e empresas na sequência das medidas tomadas para limitar os efeitos do empobrecimento e devido ao fechamento de vários negócios, por outro lado.

Figura 2: Argentina: O PIB per capita em 2020, em pesos constantes de 2004, será próximo ao de 1974, 46 anos perdidos

Fonte Rapetti no Twitter, usando dados do INDEC

Mesmo antes da pandemia, a crise na indústria (-8,6% entre abril de 2018 e abril de 2019, segundo CEU-UIA, n.5) e nos serviços foram, a partir do terceiro trimestre, os responsáveis pela queda do crescimento do PIB, pela queda acentuada de salários, empregos formais e informais, pelo aumento do desemprego decorrente não só dos primeiros efeitos da crise mas também da política de austeridade decidida por recuperar a confiança dos mercados internacionais, por deprimir fortemente a demanda interna, acentuando a crise aberta em abril de 2018, especialmente porque a Argentina é globalmente uma das economias mais fechadas da América Latina. A queda da renda e do emprego, com tendência à informalidade, acelera-se com a crise precipitada pelo contágio do vírus, apesar das medidas de apoio tomadas. Assim, o indicador mensal de atividade econômica (EMAE) caiu -11,5% (no dado dessazonalizado de -9,8%) entre março de 2020 e março de 2019.

A taxa de inflação é muito alta: 56% de junho de 2018 a junho de 2019 e, mesmo que a taxa mensal enfraqueça levemente em junho de 2019, para 3,4%, a taxa de inflação no primeiro trimestre de 2019 é 15,6 pontos maior que aquela do primeiro trimestre de 2018, em vésperas da crise. Se pegarmos o índice 100 para 2012, o índice de inflação em dólares vai para 110 em maio de 2017, para 60 em agosto de 2018, graças à desvalorização muito forte, e fica em 74,7 em abril de 2019.

A informalidade do trabalho cresce com a busca de empregos informais voltados à estrita sobrevivência para quem até ontem teve emprego com carteira assinada, perdeu-o e não consegue sobreviver com seguro-desemprego e diversos auxílios estatais, e empregos associados à pobreza extrema para aqueles cujo emprego informal não é suficiente para sobreviver. Em 2019, os empregados informais assalariados representavam 25,8% da população ocupada, os empregados autônomos – em sua maioria informais – representavam 26,6% e os empregados formais, 47,7%, ou menos da metade, de acordo com o Ministério do Trabalho. No final de 2019, a pobreza atingiu 38,3% da população, os indigentes (pobreza extrema), 8,7% e a pobreza infantil – crianças menores de 14 anos – 55,8%. Mais da metade das crianças – atores do futuro da Argentina – são pobres. Com os primeiros efeitos da pandemia, as estimativas de pobreza para abril de 2020 são de 45%, bastante próximas aos dados da grande crise de 2001-2002. É, portanto, compreensível que seja nas favelas que possam ter surgido os efeitos de *cluster* da pandemia: concentração da pobreza, concentração da pandemia, apesar de todas as medidas preventivas tomadas e muito difíceis de fazer cumprir nesses bairros, onde falta água, a densidade populacional é alta e a busca por trabalho a qualquer custo é vista como uma necessidade vital.

O Brasil, junto com a Argentina e o México, não são economias emergentes. Nós o vimos. O PIB *per capita* do Brasil comparado ao dos Estados Unidos é aproximadamente o mesmo em 2016 e 1960, enquanto o da Coreia do Sul, que começou de baixo, cruzou o do Brasil em 1990 e atingiu em 2016, 50% do dos Estados Unidos de acordo com o Banco Mundial. O Brasil viveu uma profunda crise econômica em 2015 e 2016 – a mais importante desde a década de 1930 – que teve uma dimensão social – o desemprego aumentou fortemente de 6% em 2014 para 11,9% em 2019, a pobreza extrema aumentou de 9% da população em 2014 para 13,88% em 2019, os empregos informais também, assim como as desigualdades de renda, o Gini passando de 0,526 em 2014 para 0,543 em 2019, segundo dados do IBGE – e uma dimensão política – Dilma Rousseff, presidente reeleita foi deposta após golpe de Estado legal (final de agosto de 2016). Desde então, seja com o vice-presidente que se tornou presidente, seja com a ascensão de Bolsonaro à presidência, o crescimento tem se mantido muito modesto. É porque o tecido econômico é frágil e enfraquecido pelas políticas econômicas conduzidas sob a presidência de Temer que as consequências econômicas do contágio da Covid-19 serão particularmente significativas. Os primeiros dados já sugerem a extensão da atual crise econômica e social. Os empregos formais estão em queda livre desde abril de 2020 na indústria, no comércio e nos serviços.

Figura 3 e 4: Renda em declínio, trajetória anual da renda real ampla * (intervenção governamental) em%

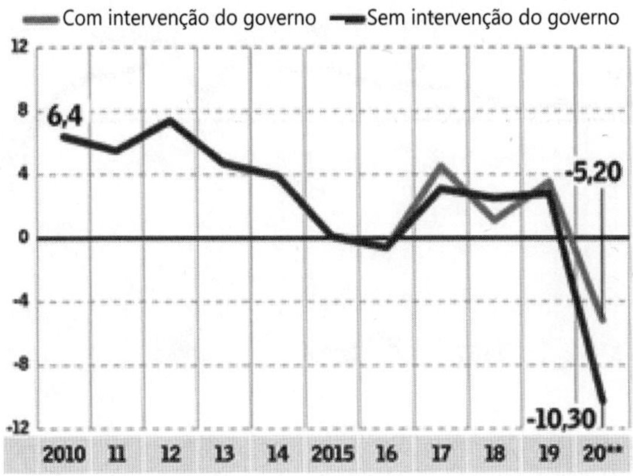

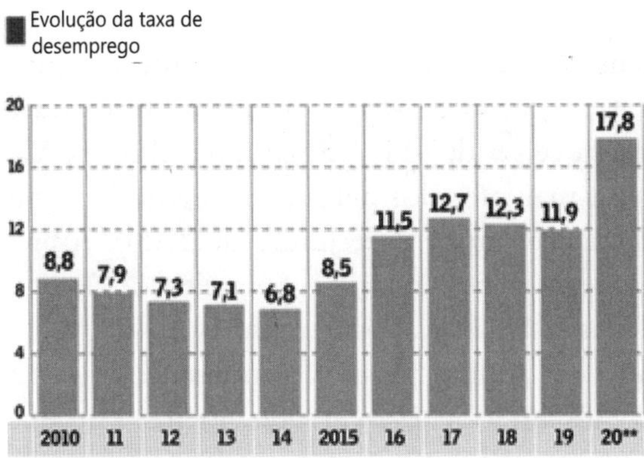

Fonte: IBGE, Ibre / FGV * somando-se as receitas do FGTS, seguro-desemprego, auxílio vinculado à covid-19.

Figura 5: Mercado de trabalho, empregos formais, 1992- abril de 2020

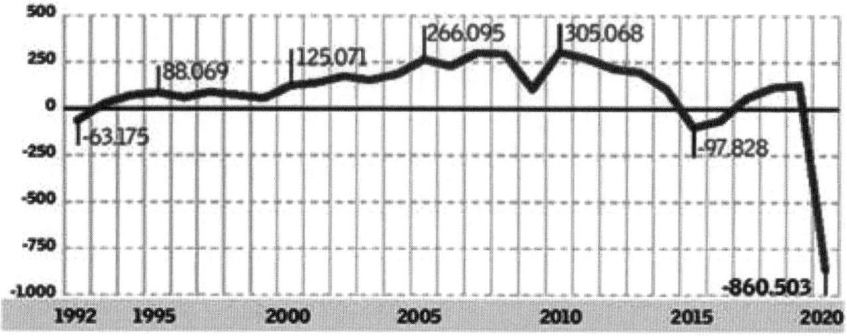

Fonte: Caged / Ministério da Economia. A perda de empregos é especialmente importante nos serviços, comércio e indústria, muito menos na construção e marginal na agricultura.

O crescimento em 2020 será fortemente negativo; segundo o FMI, deve ficar em torno de -6%, segundo a Universidade Federal do Rio de Janeiro, deve ser de -11%. Segundo o Ibre/FGV, o Brasil deve ser um dos países mais afetados pela crise, depois de Venezuela, Peru e México. (*Valor Econômico* de 2 de junho de 2020). A produção industrial caiu fortemente: entre março e fevereiro de 2020, -9,1% (a dos bens de capital caiu -15,2%, a dos bens duráveis -23,5%). O movimento é precipitado em abril: a produção industrial caiu -32,2% em abril em relação ao mês anterior. Na verdade, apenas a produção agrícola e pecuária e as exportações estão aumentando de forma mais acentuada. O Brasil se beneficia das limitações impostas pela China às importações desses produtos dos Estados Unidos como parte da guerra comercial entre os dois países. No geral, as exportações para a China cresceram 35,2% em maio, em relação ao mês anterior (15% desde janeiro de 2020), e representam 40% do total das exportações, contra 28,6% em 2019. As exportações para a China de todos os países produtores agrícolas e de carnes aumentaram em maio em relação a abril em 51,1%, principalmente com destino à China, enquanto os da indústria extrativa caíram -26,5% e os da indústria transformação diminuíram em -15,9%. (*Valor Econômico*, 2 de junho de 2020).

As capacidades ociosas de produção estão aumentando, o aumento contínuo do desemprego e a queda da renda pesam sobre a demanda efetiva e em uma economia relativamente fechada e obscurecem ainda mais as perspectivas de crescimento, como pode ser visto no gráfico abaixo.

Figura 6: Índices de confiança e expectativa da indústria de transformação da CNI. Em pontos, abaixo de 50 pontos, há perda de confiança e queda nas expectativas:

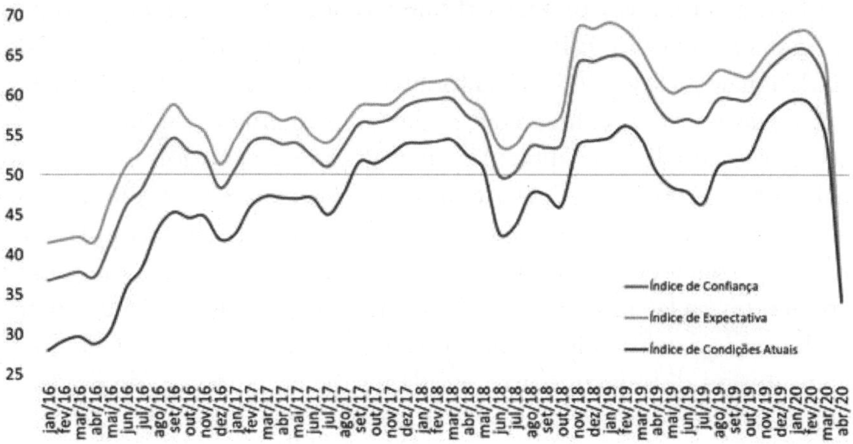

Fonte: Ibre/Fgv.

Esta perda de confiança manifesta-se nas entradas líquidas negativas de investimentos em carteira. Tais saídas líquidas são mais altas do que eram em 2009 e resultaram em uma desvalorização relativamente pronunciada da moeda nacional em relação ao dólar no ano passado[80].

---

80 Outros fatores afetam a taxa de câmbio, mas geralmente pode ser uma desconfiança do dólar. Entre 15 e 27 de maio, o dólar desvalorizou-se em relação ao real 10,52%, ao peso mexicano em 7,46% e ao euro em 1,73%. Veja O Valor de 28 de maio de 2020.

Podemos, no entanto, pensar que o desemprego deve aumentar consideravelmente em 2020. Como em muitos países, a estabilidade da taxa de desemprego (11,48% no final de março, segundo o Ministério do Trabalho) não reflete o aumento esperado, este paradoxo é explicado pelo declínio da população economicamente ativa por causa do confinamento. A informalidade dos empregos continua aumentando. O rendimento do trabalho assalariado cai no total -11,8% no segundo trimestre de 2020 em relação ao primeiro trimestre de 2020 (-12,6% para empregados "registrados" (empregos formais), -13,8% para empregos informais e por conta própria, -34% para empresários formais e 0% para servidores públicos (Fonte: Bradesco a partir de pesquisas realizadas pela FGV e FIPE), o que levará a um aumento já considerável das desigualdades de renda. O empobrecimento, e mais particularmente o dos mais pobres e vulneráveis, pode paradoxalmente fortalecer o núcleo duro daqueles que apoiam o atual Presidente por dois motivos: os mais pobres, aqueles que têm empregos informais e não contam com nenhuma ou apenas muito baixa proteção social, têm a necessidade de trabalhar a qualquer custo, inclusive arriscando suas vidas. A contenção é pouco ou nada efetiva em favelas onde o acesso à água não é generalizado, onde a densidade populacional é alta (poucas moradias ultrapassando um ou dois pavimentos), renda insuficiente no caso de perda de emprego, de modo que a escolha entre trabalhar e arriscar a vida, por um lado, e não trabalhar e não ser capaz de alimentar sua família, por outro, é uma escolha dramática. Também podem ser ouvidos o apelo do Presidente para acabar com o confinamento e a sua denúncia dos governadores que o decretaram. A distribuição de rendimentos (cem euros) em condições de indigência, ainda que extremamente modesta, pode também favorecer o Presidente. Mas a ineficácia da política governamental e os erros do Presidente também podem desenvolver frustrações que levem à perda de apoio.[81]

---

[81] Como aponta o *Financial Times* de 25 de maio de 2020: "O populismo de Jair Bolsonaro está levando o Brasil ao desastre [...]. Durante uma visita que fiz no ano passado, conversei um pouco com um grande financista sobre o paralelismo que poderia ser feito entre Donald Trump e Jair Bolsonaro. "Eles são muito semelhantes", disse ela antes de acrescentar: "mas o Bolsanoro é mais estúpido [...], ambos ficaram

Finalmente, o México deve ser profundamente afetado pela crise Covid-19. É mais aberto do que outros países latino-americanos. Suas exportações estão muito concentradas nos Estados Unidos e no Canadá, suas importações, um pouco menos, mas uma parte cada vez maior das importações da China se destinam, uma vez processadas, à venda nos Estados Unidos. No início de abril, a OMC previa que as exportações do México cairiam 4,8% em 2020 e o PIB, 6,6%. Essa previsão otimista foi revisada para baixo. O Banco do México prevê uma queda de 14% na atividade no segundo trimestre de 2020 e uma continuação da crise em 2021; o BBVA prevê uma queda do PIB de 12,8% no segundo trimestre de 2020. No geral do ano 2020, o Banco do México prevê uma queda no crescimento do PIB entre -4,6% e -8,8% dependendo da duração e extensão da pandemia. O PIB deve cair 5,8%. No final de abril, a redução do PIB foi revisada para baixo e deve chegar a 9%, segundo o grupo financeiro Citibanamex (*El Economista* de 27 de abril).

Até fevereiro de 2020, as exportações mexicanas para os Estados Unidos estavam crescendo. Com as medidas de contenção tomadas e o fechamento de muitas empresas, eles regrediram. De fato, há um colapso nas exportações mexicanas em abril em comparação com março de 2020: -40,9%. Limitada apenas às exportações não petrolíferas, esta queda é de -39,4% e em dados ajustados, a queda é um pouco menos acentuada: -37,6% e -37,54% respectivamente, segundo o INEGI.

Diante dessa queda nas exportações, e mais particularmente das *maquiladoras*, o governo americano pressiona o governo mexicano para que as empresas que exportam para os Estados Unidos voltem a trabalhar – enquanto o país está no auge do contágio – e a fornecer produtos semi-acabados para empresas neste país. Na verdade, eles se tornaram

obcecados com as supostas propriedades curativas da hidroxicloroquina, mas enquanto o Sr. Trump guarda essa opinião para si, o Sr. Bolsanoro forçou seu Ministro da Saúde a recomendá-lo a pacientes infectados [...]. Bolsonaro é responsável pelas respostas caóticas que levaram à perda de controle. Como resultado, tanto a saúde quanto a economia serão afetadas no Brasil de forma mais dura e profunda do que o país jamais imaginou [...]. Mortes e desemprego causados pela Covid-19 são exacerbados pela política de Bolsonaro. Desastres de saúde e econômicos podem criar um contexto para políticas baseadas no medo e na irracionalidade".

muito vulneráveis às decisões de proteção tomadas no México, que se tornou o principal parceiro dos Estados Unidos no primeiro trimestre de 2020, um pouco à frente do Canadá e muito à frente da China. Além disso, na segunda quinzena de maio, o governo declara que a indústria automotiva, assim como muitas *maquiladoras*, são indústrias "essenciais" e permitem a volta ao trabalho, cedendo assim às pressões de seu vizinho do Norte, as demais empresas, então, tendo que retomar gradativamente suas atividades a partir de 1° de junho, ainda que a pandemia, longe de ser "domada", nas palavras de Lopez Obrador, cause um número expressivo de mortes todos os dias e que 52% dos mexicanos considerem que a situação ainda está fora de controle em 28 de maio.

Mesmo antes do colapso do comércio e da produção devido à pandemia, o México entrou em recessão. Seu tecido industrial – além da produção destinada à exportação – está fragilizado por uma longa fase de letargia econômica. Esses três fatores combinados pressagiam uma crise profunda, de acordo com o diagnóstico da OCDE. Esta crise será tanto mais importante quanto mais as medidas anticíclicas tomadas pelo governo (subestimação da pandemia, fraco aumento da despesa pública e postergação de modestos impostos e taxas, recusa em aumentar significativamente o déficit público, sob o pretexto de que a crise econômica causaria mais danos em termos humanos do que a pandemia) são considerados largamente insuficientes para abrandar a quebra da produção, o aumento do desemprego e a queda dos rendimentos do trabalho. Como escreve J.C. Moreno-Brid,: "Eu diria que insistindo em um orçamento equilibrado, hoje, nas condições em que vivemos de o mais extraordinário choque exógeno que o mundo conheceu no período da globalização, e o México há décadas, é irresponsável. Isso está empurrando o país para o abismo e aprofundando a recessão, tornando-a o mais prolongada possível, o que irá impactar brutalmente os pobres. Este é o remédio mais incorreto possível".

Conclusão

Os efeitos deletérios da globalização clamam pela volta do protecionismo, sem saber exatamente se esse significará o abandono total ou parcial do atual estado de ruptura internacional das cadeias de valor, ou mesmo se ele se traduzirá em uma ruptura parcial em nome da soberania nacional, em direção a um retorno do Estado, para além de suas funções soberanas, no setor produtivo. A questão a partir daqui é definir o curso das coisas levando em consideração os setores a serem protegidos e as produções a serem realocadas. Vemos que por trás dessa questão estão os limites do mercado e sua lógica do lucro, e de uma nova definição da fronteira entre o que pertence ao âmbito do mercado e o que não pertence.

No entanto, o agravamento da crise econômica pode, de forma mais ou menos intensa, impedir esses desenvolvimentos. A ascensão das correntes evangélicas, a relativa incapacidade dos governos em superar os problemas colocados por esta crise e pela pandemia, que certamente diferem segundo os países analisados, a chegada de correntes "iliberais ao estilo húngaro" no poder, e mesmo novas ditaduras militares, na forma de populismo de extrema direita, não são inevitáveis. Nem todos os evangélicos, apesar dos valores muito conservadores aos quais aderem, fazem parte do exército das sombras de extrema direita, mas sua presença e influência crescente são ameaçadoras.

CAPÍTULO IV

CONTÁGIO VIRAL, RISCOS POLÍTICOS NA AMÉRICA LATINA

4.1 Introdução

A tendência de estagnação que analisamos em detalhes no Capítulo 2 tem várias causas. Recorde-se: 1. Desigualdades muito pronunciadas de rendimento e riqueza, baixas taxas de investimento devido ao comportamento rentista cada vez mais pronunciado manifestado por excessiva financeirização, fuga de capitais e consumo conspícuo, desindustrialização em maior ou menor grau e gastos com pesquisa e desenvolvimento "reduzidos a aquisições" (entre 0,5% e 1,1% do PIB dependendo do país; para referência, na França esses gastos chegam a 2,4% do PIB e na Coreia do Sul a 4,5 % do PIB.) 2. Antes mesmo das consequências econômicas da pandemia se manifestarem, a Argentina e a Venezuela passam por uma profunda crise econômica acompanhada de uma inflação que se tornou mais ou menos incontrolável, especialmente na Venezuela; O Brasil, após uma crise muito pronunciada, equivalente à dos anos 1930, mostra uma incapacidade de se recuperar; O México finalmente entrou em recessão em 2019, e outros países estão passando por uma desaceleração em sua atividade econômica (Colômbia, etc). 3. Por fim, um retorno da restrição externa nos últimos anos com a queda do preço das matérias-primas e dos volumes vendidos. A generalização da crise a nível mundial hoje e a queda acentuada da procura dos países asiáticos, grandes importadores destas matérias-primas, acentuam a pressão exercida pelos constrangimentos externos.

Na América Latina, o vírus SARS-CoV-2 está precipitando uma crise já aberta ou latente. A pandemia não vem com um "corpo saudável" pronto para se recuperar assim que a pandemia passar. Com efeito, quase todos os países da região e especialmente os maiores e mais poderosos entre eles – Argentina, Brasil, México – sofrem uma tendência de estagnação da taxa de crescimento do PIB.

O objetivo deste capítulo é 1. relembrar o que foi o populismo do século XXI; 2. mostrar que a crescente influência das igrejas evangélicas, principalmente entre as populações pobres, pode levá-las a apoiar novas correntes populistas de extrema-direita.

4.2 Populismos dos anos 2000

A pandemia pode permitir a chegada de governos autoritários. É grande a tentação para os governos de hoje restringirem as liberdades públicas em nome da luta contra a pandemia, por meio de medidas excepcionais: confinamento, definição dos setores econômicos que devem cessar a produção, possível controle pelo "rastreamento" de pessoas que testaram positivo para o vírus, apelando para a "responsabilidade" das oposições de silenciar suas críticas e adiá-las para mais tarde, a fim de não prejudicar a política do governo e, assim, enfraquecer sua eficácia. Assim que a pandemia for superada, o desejo de dar continuidade a esse ímpeto de restringir as liberdades individuais pode ser legitimado pela necessidade de reconstruir o mais rápido possível uma economia fortemente afetada pela crise.[82] Sem ir tão longe quanto as teorias da conspiração que definem essa crise como uma tentativa de

[82] A imprensa econômica conservadora, inclusive, ressalta esse risco; veja o Financial Times de 24 de março, "O monitoramento de coronavírus representa perigos para as liberdades civis".

instrumentalizar a pandemia para controlar cada vez mais os indivíduos, como a de Agamben[83], o risco é grande de que os freios e contrapesos surjam enfraquecidos. Na América Latina, isso pode abrir caminho para novas formas de populismo. Isso é o que vamos analisar.

a. Populismo progressivo dos anos 2000

1. Redistribuição

A expressão "populista" se presta a muita confusão. É o próprio tipo do conceito *soft*, assim chamado por causa de sua geometria variável.[84] Pode ser entendido de diferentes maneiras. Na linguagem cotidiana, "populista" geralmente significa "demagogo". Esse qualificador é então usado para descartar, com desprezo, as políticas de redistribuição de renda por não serem sérias, levando à ruína econômica, ainda que "pavimentadas com boas intenções".[85] Por outro lado, políticas "corajosas" seriam aquelas que se preocupam principalmente em reduzir o custo da mão de obra para fazer frente às restrições internacionais.[86] Na mesma linha, as políticas de redistribuição de riqueza seriam políticas de

---

[83] Veja a crítica dirigida a G. Agamben, na sequência de uma entrevista no *Le Monde* (25 de março), por F. Rastier em 28 de março de 2020, «Conspiração legitimada: Giorgio Agamben e a pandemia» e em *L'observatoire du conspirationnisme*, D'Agamben *et al.*, 2020, ver também *Sopa de Wuhan, Pensamiento contemporeano en tiempo de pandemia*, acesso gratuito na rede. Para uma apresentação detalhada do estado de emergência, consulte G. Agamben, 2003.

[84] SALAMA, Pierre. Novas tecnologias, uma revoluçao em curso, os efeitos sobre o emprego e os salaries. Revista Cadernos do desenvolvimento. vol. 13, n. 22, 2018, pp. 151-179. SALAMA, Pierre. *Los dos "pecados originales" de los gobiernos progresistas de Argentina y Brasil.* Revista de Economía Institucional, 2018, pp. 21-40. SVAMPA, Maristella. Del cambio de época al fin de ciclo, gobiernos progresistas, extractivismo y movimientos sociales en América Latina. Buenos Aires: Edhasa, 2017.

[85] HIRSCHMAN, Albert O. *Deux siècles de rhétorique réactionnaire.* Fayard, 1991. Segundo esse autor, a recusa de qualquer mudança repousa sobre três pilares: o do "efeito perverso" - qualquer ação produz o efeito oposto ao desejado; o da "inanidade": querer mudar é inútil; e, finalmente, o de "colocar em perigo": a mudança pode ser desejável, mas acarreta custos significativos, até inaceitáveis.

[86] DORNBUSCH, Rudiger; EDWARDS, Sebastian. *The macroeconomics of populism.* NBER, Report, 1992.

busca de clientes e obediência às leis do mercado político, cujo único objetivo para os políticos seria a reeleição.[87]

As políticas centradas na *redistribuição e no desenvolvimento das políticas sociais* são, na maioria das vezes, prerrogativas dos governos progressistas, sejam eles populistas ou não, bem como daqueles que visam incluir todas as pessoas indistintamente, sejam elas índios, negros, pobres ou não. Portanto, é compreensível que possam receber o apoio da esquerda. *Eles são a "marca registrada" do populismo progressista.* É essa busca de inclusão que os diferencia do populismo regressivo.

Os governos populistas progressistas não procuram se vitimar diante das dificuldades, destacando o estrangeiro, o judeu ou o muçulmano, ou mesmo simplesmente o pobre que se tornou exigente, arrogante. O vetor comum do populismo progressivo é a solidariedade entre os cidadãos, independentemente de raça, religião, nacionalidade.

2. Nem todos os governos progressistas populistas são iguais, mas têm coisas em comum

A referência à Nação e o apelo ao nacionalismo, com seu corolário de denúncia da política dos Estados Unidos, não são as mesmas em Lula no Brasil ou em Chávez na Venezuela, Maduro na Venezuela ou mesmo Kirchner na Argentina ontem e Lopez Obrador no México hoje. Neste último, o equilíbrio entre a oposição nacionalista e o adesismo à política decretada pelo presidente americano tende cada vez mais para o adesismo. Esse desequilíbrio pode ser explicado pela capacidade de retaliação dos Estados Unidos e pelas dificuldades em se opor aos ditames do governo americano.

Uma redistribuição de rendimentos a favor dos grupos mais pobres e vulneráveis, um esforço mais ou menos sustentado em setores-chave para a coesão social, como a educação e a saúde, são insuficientes face às necessidades. O populismo progressivo é a favor de uma redistribuição da renda em favor das categorias mais pobres. Por causa

[87] CARTIER-BRESSON, Jean. *Economie politique de la corruption et de la gouvernance.* L'Harmattan, 2008.

de suas opções igualitárias, mais cedo ou mais tarde ele desperta forte oposição das categorias de alta renda, mas também de uma parte das camadas médias que, frustradas por não ter os empregos e os serviços a que pensavam ter direito,[88] procuram um bode expiatório e encontra-o no partido no poder. Ele foi visto no Brasil durante o golpe legal que depôs Dilma Rousseff após um ano no cargo.

Uma Indiferença relativa a uma desindustrialização em curso, um aumento da corrupção, uma incapacidade de apostar em novas tecnologias, um desenvolvimento do rentismo com reprimarização crescente – nos países ricos em matéria-prima – ou a "exportação" de seus migrantes. A lógica desta economia baseada no rentismo é uma dependência crescente do preço das matérias-primas sujeita aos caprichos da situação econômica dos países asiáticos, uma dependência também de "remessas" (transferências de dinheiro de imigrantes vivendo nos Estados Unidos), enriquecimento por meio da inserção no fluxo de renda ao invés do trabalho e sua exploração e, finalmente, corrupção significativa frequentemente acompanhada de violência.

No entanto, o que mais ou menos distingue governos populistas progressistas de governos progressistas é que os primeiros tendem

---

88 O real rebaixamento dos jovens das novas classes médias, até mesmo sua desfiliação dessa categoria, aumentou. Os dados falam por si: 38% dos empregados com ensino superior completo trabalham em empregos menos qualificados do que poderiam pleitear; esse percentual sobe para 44% na faixa etária de 24 a 35 anos. Esses percentuais foram menores em 2012: 33,4% e 38,4%, respectivamente (*Valor Econômico*, 13 de dezembro de 2018, segundo dados do IPEA e da PNAD). Esta evolução é explicada por dois fatores: o crescente divórcio entre a oferta e a procura de mão de obra. O esforço do governo na educação tem levado a uma maior qualificação de um número crescente de jovens do que no passado, mas a oferta de emprego das empresas não corresponde a esta qualificação principalmente devido à desindustrialização dos países; a crise econômica que se desenvolveu no Brasil a partir de 2015. Grande parte das classes médias, portanto, sentiu-se frustrada. A melhora no padrão de vida das novas classes média-baixa ou média no início dos anos 2000 alimentou certo otimismo sobre seu curso de vida, levando-as a serem mais "tolerantes" quando a renda das classes médias-altas e ricas aumentava mais rapidamente do que a delas. Isso é o que Hirschman chamou de efeito "túnel" (HIRSCHMAN; ROTHSCHILD, 1973). Este não é mais o caso desde 2014 no Brasil e em muitos outros países. A tolerância torna-se intolerância. Este é o efeito túnel analisado por Hirschman e Rothschild.

a substituir a análise em termos de classes pela análise em termos de povos[89]. A redistribuição de renda e políticas sociais mais consequentes não são exclusividade de governos populistas, por mais progressistas que sejam. Eles também são de governos de esquerda. Além de serem eticamente justas e necessárias diante da extensão das desigualdades na América Latina, não são demagógicas se acompanhadas de um esforço produtivo. Se assim não for, surge uma lógica "infernal", que acaba por levar a um consequente fracasso econômico, social e político-institucional. Ao considerar o Estado como um "Estado mágico",[90] o populismo progressista pode, portanto, afundar em formas ditatoriais de poder – como é o caso hoje na Venezuela – coexistir com micropoderes ligados às máfias que se alimentam dos espaços libertados pela incapacidade do Estado de controlar a totalidade do seu território (o Estado torna-se poroso[91]) e onde eclodem a discriminação, a corrupção e a violência[92].

Nos primeiros quinze anos da década de 2000, várias formas de populismo progressista predominaram na América Latina.[93] Todos os governos progressistas não atribuem o mesmo peso às políticas sociais e à redistribuição (luta contra a pobreza, educação e saúde universais, sem exclusão, proteção dos empregados, aumento do salário-mínimo), e mostramos na primeira seção que os gastos com saúde eram particularmente baixos na Venezuela.

---

89 Ver a resenha do IHU de 7 de agosto de 2017, intitulada: Ernesto Laclau e a "razão populista" onde se encontra um conjunto de estudos originais.

90 ÍMBER, Fernando Coronil. *El Estado magico*. Nueva Sociedad, 2002; LANDER, Edgardo. *El Estado magico sigue ahi. Las continuidades y rupturas en la historia del petroestado venezolano*. Nueva Sociedad, 2018, pp. 30-44.

91 Jogo de palavras entre Estado *poroso* e Estado *poderoso* que desenvolvemos com Gilberto Mathias em G. Mathias e P. Salama, 1983.

92 Para a Venezuela, consulte Cantura La Cruz (2018) e Emiliano Teran Mantovani (2018) em francês. É interessante notar a cegueira (Saint Upery usa o termo negacionismo) de certos grupos políticos de esquerda na América Latina em relação à natureza do regime venezuelano, considerado revolucionário por se opor aos Estados Unidos, o que não deixa de relembrar o apoio ao regime stalinista na URSS no passado. Para uma revisão desses grupos, consulte M. Saint Upery (2019) em seu blog no Mediapart.

93 SVAMPA, Maristella. *Debates latinoamericanos. Indianismo, desarrollo, dependencia y populismo*. Buenos Aires: Edhasa, 2016.

As políticas sociais redistributivas são um vetor essencial do populismo progressivo, mas a definição de populismo não se limita a essas características importantes. O populismo (progressivo) também se refere às formas de poder e à forma *bonapartista* de exercê-lo. O líder não apenas se identifica com o povo, mas às vezes se opõe a elites que se acredita estarem ligadas a interesses estrangeiros (Venezuela, Argentina). Em sua versão mais pura, o líder que se identifica com as pessoas pede que elas se reconheçam nele.

Identificação com as pessoas e relação com a religião

"Ya no soy Chavez, Chavez eres tu... ya no me pertenezco... Chavez se ha hecho pueblo".[94] Estas expressões são indicativas da relação do Presidente com o povo, sendo este último chamado a se identificar com ele.[95] Para que essa inversão seja efetiva em termos de legitimidade, o líder ainda deve ser carismático, o que Chávez foi e o que Maduro não é na Venezuela, e que seu discurso se encaixe na frustração acumulada de todos aqueles que foram excluídos e viram as elites enriquecerem ao mesmo tempo em que empobreceram, como era o caso pouco antes da crise da dívida, cuja escala é explicada principalmente pela fuga legal de capitais, ao contrário da dos coronéis brasileiros durante a ditadura e, posteriormente, com as políticas de ajuste na década de 1980.

Somada à dimensão religiosa, pode acontecer que o candidato à presidência, então eleito presidente, possa se apresentar como candidato de Deus no mais puro estilo evangélico, que promete moralizar a vida pública, lutar contra a corrupção, usar as atribuições que lhe são conferidas pelo Estado com a sabedoria contida nos livros sagrados para combatê-la. Foi o que observamos com Lopez Obrador

---

[94] Eu não sou Chávez, você é Chávez... Eu não pertenço a mim... Chávez se tornou um povo.

[95] CADENAS, P. "Venezuela, este navio à deriva". *Les Temps Modernes*, p. 29, 2018.

(conhecido como AMLO)[96] no México – onde o Estado é laico [...] –, multiplicando as referências ao campo (o "campo") onde "ainda existe uma forma de vida saudável, cheia de valores morais e espirituais". Embora AMLO possa ser classificado entre os populistas progressistas, por advogar uma política redistributiva em favor dos pobres, essa referência ao "campo" apela à memória coletiva da revolução zapatista, mas não é diferente da referência à terra nos discursos fascistas na Europa nos anos 1930-1940. "Vamos produzir no México o que consumirmos. Essa é minha estratégia de política econômica. Vamos ajudar os pobres, os humildes, os mais vulneráveis, para que todos tenham paz consigo próprios, possam ir ao templo, às igrejas, sem quebrar os mandamentos[...] se não o fizermos, não estamos sendo honestos, estamos quebrando os mandamentos. É um pecado social".

É o caso também do Brasil, onde o presidente de extrema-direita, depois de ter sido abençoado nas águas do Jordão pelos evangélicos de Israel, não hesita em declarar: "primeiro Deus, primeiro o Brasil". Voltaremos a isso quando apresentarmos a influência dos evangélicos no Brasil em toda a política social e cultural de Bolsonaro.

b. Populismo de extrema-direita ou ódio às minorias

O que é que distingue o populismo progressista e o de extrema-direita? A defesa da Nação, a oposição do povo às elites[97], as

---

96 Ver OLMOS, Raul. "*La divina cuarta tranformacion*", 2020. Disponível em: https://contralacorrupcion.mx/divina4t. Acesso em: 12 de maio de 2021; BARRANCO, Bernardo; BLANCARTE, Roberto. AMLO y la religion, el Estado laico bajo amenaza. Grijalbo, 2019, p. 24, 116 e seguintes. Pode-se encontrar ali uma antologia de citações da AMLO referentes à Bíblia, sua estreita relação com as igrejas evangélicas. Ver também B. Barranco Villafan e R. Blancarte, 2019, p. 24 e pp. 116 e ss.

97 No que diz respeito ao populismo progressista, sabemos que esta oposição foi teorizada por E. Laclau e Ch. Mouffle. Com o seu corolário: a construção de um povo de esquerda, que lembra a distinção feita pelos marxistas entre as classes em si e classe para si mesmo... pelo menos no processo.

capacidades carismáticas do líder? Existem pontos em comum nos dois populismos?

1. Em geral, a referência à Nação está muito mais presente nos populismos de extrema-direita do que nos de esquerda, exceto quando este assume formas caricaturais e adota sistematicamente as teses do campismo[98] ou mesmo da conspiração, ameaçando flertar com o ridículo[99]. Nos países avançados, a extrema direita milita pela "preferência nacional", insistindo na ideia nacional. A busca pela nação idealizada leva a questionar a construção europeia e as decisões tomadas em Bruxelas de amputar a soberania nacional, aos Estados Unidos a rejeitar o multilateralismo, a impor acordos bilaterais que favoreçam apenas os interesses americanos e a praticar o protecionismo de tipo mercantilista justificado pelos slogans "*America first*" e "*Make America great again*". Esta busca pela Nação encontra certo eco entre os que mais sofreram com a globalização.

Na América Latina, a oposição entre o povo e as elites nem sempre está presente. A ênfase nas pessoas – sem saber exatamente quem é – não implica necessariamente rejeição das elites. Mas essa oposição está reaparecendo, com intensidade variável e particularmente às vésperas das eleições, especialmente quando as dificuldades econômicas se tornam cada vez mais graves e cresce a fuga de capitais. No entanto, a referência ao povo não é na história uma característica exclusiva do populismo. Também caracteriza o *bonapartismo* onde o presidente, acima das instituições (parlamento, congresso), se dirige diretamente ao povo, e as instituições são apenas a correia de transmissão de suas decisões. O

---

98 Apoio aos chamados governos anti-imperialistas - o que quer que façam - precisamente em nome de sua oposição aos imperialismos dominantes. Esta é uma visão binária e, portanto, simplista da história.

99 O exemplo mais surpreendente é quando o presidente Maduro da Venezuela denunciou os Estados Unidos por provocarem uma queda no preço do petróleo com o objetivo de precipitar a crise e, assim, realizar uma tentativa de golpe econômico. Rejeitar a conspiração não significa ignorar o fato de que pode haver conspirações, a história da América Latina foi marcada por golpes de Estado instigados pelos Estados Unidos. Isso é rejeitar uma visão da história que sistematicamente vincula eventos a tramas urdidas por potências estrangeiras.

apelo do presidente Bolsonaro para protestar contra o Congresso é um exemplo caricatural.

O líder carismático? O papel do líder é importante, ele dá sentido à política escolhida em geral graças às suas qualidades carismáticas e ao fato de falar diretamente ao povo. Quando essa capacidade é fraca ou ausente, estamos na presença de um populismo que funciona no vazio.

Para além das referências ao povo, ou mesmo à Nação, os dois populismos são muito diferentes. A política redistributiva de renda não é favorecida pelo *populismo de direita. Isso é mais uma identidade de quem tem como inimigos internos as minorias*, sejam elas negras, índios, homossexuais e homossexuais, comunistas.

Existe uma oposição franca entre os dois tipos de populismo na rejeição das minorias. Esta, ou não existe no populismo progressista ou, se aparece nos discursos, é social. São os ricos que servem de bode expiatório.

No populismo de extrema-direita, as minorias são sociais (aqueles que lutam pelo casamento gay, o direito ao aborto, contra o feminicídio), ou raciais ou religiosas (muçulmanos na Europa[100], na Índia). Este é claramente o caso do presidente brasileiro Bolsonaro. Essas minorias são distinguidas pela vingança popular. Há, portanto, uma mudança na relação povo/elite, a última tornando-se de fato minoria. São considerados parasitas, seja porque eles – os índios – se apropriam de terras que poderiam ser exploradas e garantem maior crescimento, seja porque eles – os negros – vivem de ajudas diferentes, preferindo o ócio ao trabalho ou, finalmente, porque, ao buscar impor novas regras supostamente contrárias aos códigos religiosos de valor, eles – os homossexuais por exemplo – destroem o consenso nacional.

[100] Como aponta Zacharie (2019), nos países avançados, no populismo de extrema-direita o povo se opõe às elites, representadas ontem pelas grandes finanças denunciadas como finanças judaicas. Hoje, às "elites" somam-se cada vez mais imigrantes suspeitos de trabalhar "para a grande substituição" e assim destruir a identidade nacional, branca e cristã no pior dos casos, de viver nas garras do nacional e, embora contraditório, para assumir seu cargo, na melhor das hipóteses. Veja em particular a terceira parte do livro intitulada *le fold national-populiste*.

O populismo de esquerda, nos países avançados, por não desenvolver (ou não o suficientemente) a questão da identidade, às vezes pleiteando o multiculturalismo,[101] apostando em mais protecionismo e menos neoliberalismo – que se tornou mantra – fica a meio caminho. Diante da investida do populismo de direita, trata-se de certa forma de uma soberania inconsistente. Isso explica por que, mesmo que os dois populismos possam aparentemente ter o mesmo discurso sobre a defesa dos pobres nos países avançados, o fato de o populismo de esquerda não desenvolver o tema soberania/identidade/anti-imigrante, o conduz a perder eleitoralmente os votos que esperava, em benefício do populismo de direita.

E esta é a força do populismo de extrema-direita. É aí que reside o perigo de que a crise na América Latina facilite a ascensão da extrema-direita, como foi o caso da eleição de Bolsonaro no Brasil.[102] É claro que a história não se repetirá da mesma maneira, essa crise é diferente em seu alcance e em suas formas, mas as raízes dos comportamentos de exclusão ainda estão presentes.

Essas duas formas de populismo têm um ponto comum: qual é seu relacionamento com as igrejas evangélicas? A referência comum à Bíblia que às vezes encontramos (Chávez, Lopez Obrador de um lado, Bolsonaro do outro), aos valores familiares conservadores e até ultraconservadores no México, constitui uma "ponte" entre essas duas versões de populismo. Lopez Obrador, no México, estava fortemente comprometido com as igrejas evangélicas – como vimos – e suas referências permanentes à Bíblia e a Juarez (fundador do Estado laico com as leis da Reforma, 1859), rejeitadas pela Igreja Católica, mas adotada pelos evangélicos, explica em parte sua falta de atração pela defesa de

---

[101] Zacharie cita A. Maalouf (*Le naufrage des civilizations*, p. 210) para sublinhar a ambiguidade em tempos do movimento populista de esquerda no que diz respeito aos movimentos identitários ligados aos imigrantes, que se tornaram um substituto do proletariado. Preocupados com a tendência de certas forças de esquerda "que outrora ergueram a bandeira do humanismo e do universalismo, mas hoje preferem defender as lutas de identidade, fazendo-se porta-vozes de várias minorias étnica, comunitária ou categórica [...]" p. 172, a fim de despertar os ressentimentos dessas minorias.

[102] AUBRÉE, Marion; LAPLANTINE, François. La Table, le Livre et les Esprits, Naissance, évolution et actualité sociale spirite en France et au Brésil. JC Lattès, 1992.

certas minorias, como as que lutam contra o feminicídio e sua defesa dos valores familiares conservadores.

Sem chegar a fazer referência explícita à Bíblia, às vezes existe uma "ponte" na busca de alianças com igrejas evangélicas cujos temas, como veremos, se aproximam dos da extrema-direita em tudo o que diz respeito a valores, especialmente o direito ao aborto. Lula, no Brasil, buscou apoio de evangélicos. A presidência de C. Kirchner na Argentina optou pelo reconhecimento do casamento entre homossexuais, mas rejeitou o direito ao aborto.[103]

Isso é o que analisaremos na próxima seção.

4.3 Igrejas evangélicas, ultraconservadorismo reforçado com a pandemia?

Ao contrário de muitos países avançados, a América Latina não tem nenhum ou poucos movimentos genuinamente fascistas,[104] mas há um crescimento impressionante de igrejas evangélicas. Eles lutam por uma clientela popular, relativamente sem educação, próxima à dos movimentos fascistas, seus apelos a valores imutáveis como família e identidade, sua rejeição às minorias, mesmo que não sejam as mesmas dos países avançados, o uso de instituições, mesmo que apenas para deturpá-las depois, também os aproxima desses movimentos. O exemplo extremo é o das igrejas pentecostais no México – um estado secular – que clama ao secularismo para [...] se desenvolver.[105]

---

[103] SÉMAN, Pablo; VIOTTI, Nicolás. "Todo lo que usted quiere saber sobre los evangélicos y le contaron mal", Revista Anfibia, 2019. Disponível em: http://revista-anfibia.com/ensayo/todo-lo-que-quiere-saber-de-los-evangelicos-le-contaron-mal/. Acesso em: 12 de maio de 2021.

[104] As referências ao fascismo foram, no entanto, numerosas sob Perón na Argentina nos anos 1950 ou mesmo Vargas no Brasil nas décadas de 1930 e 1940, mas insuficientes para qualificar o peronismo, o vargismo ou mesmo o cardenismo no México como movimentos fascistas.

[105] Conforme C.A. Delgaso-Molina, 2019 comenta: "[...] as igrejas evangélicas desempenharam um papel na defesa do regime laico do estado mexicano como estratégia

a. Populismo de baixo, a crescente influência dos discursos da igreja evangélica

Jean Birnbaum (2016) lembra que, para Marx, a religião não é apenas "o ópio do povo". Do jeito que está, esta citação muitas vezes feita é redutora e não nos permite entender o que representa a força da religião. "Não pode ser abolida assim", banindo-a, por exemplo, como foi feito nos países socialistas. "Jogada pela porta, ela voltou pela janela" com força assim que o experimento socialista terminou. Na verdade, essa famosa frase metafórica – ópio – é precedida por outra frase mais profunda: "A angústia religiosa é ao mesmo tempo a expressão de uma angústia real e de protesto contra essa angústia real. A religião é o suspiro da criatura oprimida, o coração de um mundo sem coração, assim como o espírito de um mundo sem espírito." Assistimos, assim, a um retorno da religião e mais particularmente em suas formas mais radicais, mesmo fundamentalistas, como podemos observar na América Latina com o peso crescente dos evangélicos.

Quem são os evangélicos? A que categorias sociais eles mais pertencem? Qual é o seu nível de educação? Quais valores eles compartilham mais? Eles são sensíveis à retórica sobre o retorno ao trabalho, independentemente de como a pandemia evolui? Eles podem ser um vetor importante para o surgimento de novas formas de populismo "iliberal" ou mesmo de extrema-direita?

Estas são as perguntas que tentaremos responder. Existem muitas análises sobre os evangélicos, mais particularmente aquelas que analisam seus valores e sua relação com os poderes. Elas são relativamente raras nas origens sociais dos evangélicos. Usaremos o levantamento feito por G. Flexor (2020), de todas as igrejas da periferia do Rio de Janeiro, no Brasil. É particularmente rico em informações. Surge dos comportamentos estruturantes das diferentes igrejas. Para enriquecer a análise e

para garantir a liberdade religiosa e defender os direitos dos seus fiéis...", p. 9. Tal política lembra a do *Rassemblement National* (novo nome da *Front National*), na França, que em nome do respeito ao laicismo busca reduzir a influência dos imigrantes muçulmanos que cultuam a oração nas ruas por falta de mesquitas em número suficiente.

imaginar possíveis desdobramentos, faremos comparações com o surgimento do lepenismo[106] na França. Claro, "comparar não está certo", os dois países são diferentes na sua história, na sua situação econômica, no seu contexto social, mas a comparação abre novas perspectivas. Essas comparações podem nos permitir avaliar melhor como a ascensão do pentecostalismo no Brasil, e mais particularmente hoje com a crise econômica, social e política acentuada pela pandemia, pode ou não reforçar o aumento do populismo pós-extrema-direita de Bolsonaro, com ou sem ele.

1. Uma presença cada vez mais importante dos evangélicos

De acordo com pesquisas realizadas pelo *Pew Research Center*, observamos um declínio do catolicismo em todos os países latino-americanos, mais ou menos significativo dependendo do país.

Tabela 1: Declínio na adesão à religião católica

	1970	2014	Diferença em pontos
Argentina	91	71	-20
Brasil	92	61	- 31
Chile	76	64	-12
Colômbia	95	79	-16
México	96	81	-15
Peru	95	76	-19

Fonte: Pew Research Center https://www.pewresearch.org/wp-content/uploads/sites/7/2014/11/PR_14.11.13_latinAmerica-overview-19.png

O declínio no número de católicos foi relativamente alto em 35 anos. Ocorreu em benefício dos evangélicos, especialmente na América

[106] Referência ao movimento de extrema-direita francês criado nos anos 1970 por Jean-Marie Le Pen e conduzido hoje por sua filha, Marine Le Pen (N. do T.).

Central (42% da população da Guatemala se declarou evangélica em 2014, 41% em Honduras, 36% na Nicarágua, 35% em El Salvador), no Brasil (22,4%), no Peru (17%), Chile (16,6%), Bolívia (21%) e Uruguai (15%). A ascensão dos evangélicos é mais fraca na Argentina (9%) e no México (6,3%)[107]. O peso dos "sem religião"[108] também está aumentando, mas em menor grau. Em média, a influência dos evangélicos aumenta em 15 pontos e a dos "sem religião" em 7 pontos entre 1970 e 2014.

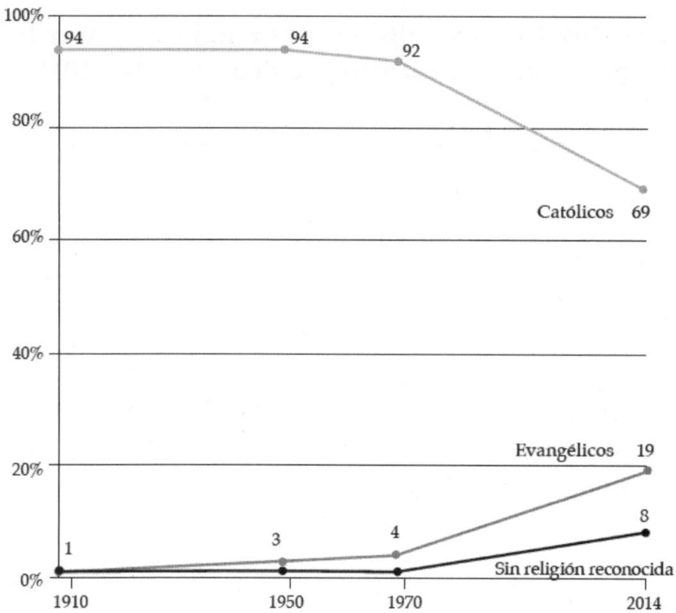

Fonte: [109]

[107] CASTILLO, Javier Calderón. "Iglesias evangelicas y el poder conservador en Latinoamerica", Celag. Disponível em: www.celag.org/iglesias-evangelicas-poder-conservador-latinoamerica. Acesso em: 10 de maio de 2021.

[108] Ao contrário do que se possa pensar, existe pouco ou nenhum ateísmo. Em vez disso, eles são adeptos de várias religiões, como os cultos afro-brasileiros, mas também adeptos do espiritualismo (kardecismo), ver M. Aubrée e Fr. Laplantine, 1992.

[109] Religion in Latin America: Widespread Change in a Historically Catholic Region. Pew Research Center. Disponível em: https://www.pewforum.org/2014/11/13/religion-in-latin-america/. Acesso em: 12 de maio de 2021.

No Brasil, o percentual de católicos diminuiu entre 1960 e 2010 em quase 29%, o de evangélicos, todas as igrejas reunidas, multiplicado por mais de cinco. É claro que o peso dos católicos continua muito importante, mas a diferença entre católicos e evangélicos diminui drasticamente de 88,8 pontos para 42,3 pontos. Embora estejam fortemente em minoria, aqueles sem religião estão experimentando um *boom* significativo.

Tabela 1bis: Evolução dos grupos religiosos como % da população. População brasileira (1960-2010)

	1960	1970	1980	1991	2000	2010
Católicos	93.1	91.8	89.0	83.3	73.7	64.6
Evangélicos	4.3	5.2	6.6	9.0	15.4	22.3
Sem religião	0.2	0.8	1.6	4.7	7.4	8.0
Outros	2.4	2.3	2.5	2.9	3.5	5.1

Este desenvolvimento de igrejas evangélicas tem várias causas. A primeira vem da rápida urbanização vivida pelo Brasil (e pelos países latino-americanos em geral) a partir da década de 1960. Hoje, o Brasil tem uma taxa de urbanização superior a de muitos paises avançados. As favelas surgiram primeiro em torno das grandes cidades e depois nas chamadas cidades de tamanho médio. Estão mais ou menos consolidadas, mais ou menos miseráveis, mais ou menos importantes na proporção da população total, mais ou menos sob o controle de grupos criminosos.

Fugindo da miséria do campo, sensíveis aos atrativos das cidades, os camponeses migram para bairros onde as pessoas já migraram de suas aldeias, de sua região, por acharem que podem encontrar ali uma certa solidariedade, a dos de sua aldeia, a sua região e os primeiros socorros para habitação e procura de emprego. Rapidamente se veem confrontados com novas regras do jogo, as de uma sociedade monetarizada, as da cidade que se diferencia profundamente dos hábitos e costumes do campo. A solidariedade que eles esperavam está diminuindo. Com um nível de escolaridade original, muitos assumem os primeiros empregos que encontram, a maioria informal e de baixa remuneração. À miséria do campo sucede à das cidades e o milagre esperado nesta viagem só de ida acaba sendo uma miragem. Um tanto desapontados, eles encontraram pouco ou nenhum apoio das igrejas católicas e se afastaram delas. Influenciados pelo ativismo de campo dos evangélicos, pela escuta de suas rádios e canais de televisão, por relembrar os valores familiares, sua responsabilidade pela origem de suas dificuldades, buscam superar seus problemas na leitura da Bíblia e de seus ensinamentos a ponto de pensar, para alguns deles, que podem se curar pela fé.

Diante do sucesso dos evangélicos, as igrejas católicas copiam certas práticas religiosas dos evangélicos, como a prática de canções que não se enquadram nos padrões usuais, como nos lembra,[110] um tanto em vão visto que a preferência pelo original é mais forte do que pela cópia.

Finalmente, o sucesso dos evangélicos também é explicado por sua oposição ao movimento católico radical "teologia da libertação" nas décadas de 1960 e 1980 e o medo do comunismo ateu. Sob a bandeira da "teologia da prosperidade", muitos líderes evangélicos se institucionalizaram, candidatando-se às eleições.

2. Quem são eles?

A partir de uma pesquisa realizada na periferia do Rio de Janeiro, G. Flexor analisa os diferentes movimentos religiosos, seu peso e suas origens. A periferia do Rio de Janeiro, onde a proporção de evangélicos é muito maior, é, em média, mais pobre do que a própria cidade.

---

[110] AUBRÉE, Marion; LAPLANTINE, *François. La Table, le Livre et les Esprits, Naissance, évolution et actualité sociale spirite en France et au Brésil.* JC Lattès, 1992. FLEXOR, Georges. Fé e classes sociais. Mimeo, 2020.

Tabela 2: Perfil religioso da amostra (número de respondentes em %)

	C	E	K	MR	SR	AB
Nombre	273	424	31	44	170	50
%	28%	43%	3%	4%	17%	5%

C: Católico; E: Evangélico; K: Kardecista; MR múltiplas religiões, com a possibilidade de os católicos também se reconhecerem, por exemplo, nos cultos afro-brasileiros; SR: sem religião, o que não significa ateu mas desejo de não se associar a uma religião. Nesta tabela, bem como nas seguintes, a categorização é mais precisa, então distinguimos subconjuntos previamente todos agrupados em "sem religião".

É interessante observar a distribuição dos membros nas diferentes igrejas de acordo com a cor da pele (parda, branca, negra). A porcentagem de mulatos é aproximadamente a mesma nas igrejas católicas e nas igrejas evangélicas. É muito mais importante do que o observado em outras igrejas. A porcentagem de brancos, por outro lado, é significativamente menor entre os evangélicos do que entre os católicos. Por outro lado, a dos negros é o dobro do observado entre os católicos. Esses dois últimos dados são importantes. A percentagem de brancos entre os membros kardecistas, sem religião e multi-religiões é superior à observada para as duas igrejas principais (exceto para os sem religião, ligeiramente inferior que para os católicos).

Tabela 3: Distribuição das "raças" segundo religião (em % segundo religião)

	C	E	K	MP	SR
P	41.03	41.98	29.03	27.27	36.47
B	39.93	24.06	41.94	45.45	35.29
N	15.75	30.90	29.03	27.27	26.47
Outros	3.30	3.07	0.00	0.00	1.76

P: preto (mulato), B: branco, N: preto

Fonte:[111]

Da Tabela 3, acima, podemos deduzir as diferenças de renda entre membros de diferentes igrejas. Negros e mulatos são geralmente mais pobres do que brancos. Sua porcentagem é particularmente alta entre os evangélicos, mais do que em outras religiões. Por outro lado, o percentual de brancos, sem ser desprezível, é menor lá. Porém, o percentual de ricos é maior entre brancos do que entre negros.

Não temos estatísticas sobre a renda média e a dispersão dessas rendas segundo as diferentes "raças" e igrejas. A Tabela 4, que mostra os níveis de escolaridade nas duas igrejas principais confirma que os evangélicos são mais pobres que os Católicos. O percentual de evangélicos que não concluíram o ensino médio é maior (33,01%) entre os evangélicos do que entre os católicos (31,14%). Por outro lado, aqueles que concluíram o ensino médio são mais proeminentes entre os católicos (45,59%) do que entre os evangélicos (38,21%), mas aqueles que concluíram o ensino médio técnico são relativamente mais proeminentes entre os evangélicos do que entre os católicos.

---

111 Religion in Latin America: Widespread Change in a Historically Catholic Region. Pew Research Center. Disponível em: https://www.pewforum.org/2014/11/13/religion-in-latin-america/. Acesso em: 12 de maio de 2021.

Tabela 4: Distribuição do nível de estudo segundo católicos e evangélicos

	C	E
Analfabeto (A)	1.83	0.71
Primário (P)	2.20	1.65
Ginásio incompleto (GI)	5.86	11.08
Ginásio (G)	11.36	10.14
Colegial incompleto (CI)	9.89	9.43
Colegial (C)	43.59	38.21
Colegial técnico (CT)	4.03	6.60
Superior (incompleto ou completo)		s

Fonte:[112]

Usando esses últimos dados como variáveis *proxy* podemos, portanto, deduzir que não apenas a renda média dos evangélicos é inferior à dos católicos, mas que a dispersão da renda é diferente. A dispersão de renda dos católicos é maior do que a dos evangélicos, ou seja, o percentual de classes médias e ricos é maior entre os católicos do que entre os evangélicos.

A relação entre realização educacional e renda auferida não é linear. Quem tem ensino médio completo ou mesmo universitário não tem o mesmo nível de renda, dependendo se trabalha no setor público ou no setor privado em geral. A remuneração é mais baixa no setor público do que no setor privado. Por outro lado, aqueles com pouca educação às vezes ganham mais no público do que no privado. Essas relações são diferentes dependendo do país, os professores do ensino superior ganham mais no setor público do que no setor privado no Brasil. Por outro lado, os professores mexicanos do ensino superior

112 Religion in Latin America: Widespread Change in a Historically Catholic Region. Pew Research Center. Disponível em: https://www.pewforum.org/2014/11/13/religion-in-latin-america/. Acesso em: 12 de maio de 2021.

ganham menos do que os brasileiros. No geral, no Brasil, o homem branco ganha mais do que a mulher branca no setor privado, esta ganha mais do que o negro ou mulato, que ganha mais do que a negra ou mulata, à medida que a diferença de renda diminui com os níveis de qualificação.[113] Além disso, a relação entre nível educacional e rendimentos não é linear, mas fornece informações valiosas.

Mesmo nível de escolaridade, renda diferente, outros comportamentos. Baixo nível de educação, clientela de extrema direita na França

A análise dos diferentes eleitorados durante as últimas eleições presidenciais (2017) na França é instrutiva, inclusive para o Brasil. O eleitorado de Le Pen, um movimento de extrema-direita, é de longe o menos educado. Os eleitorados de Hamon (Partido Socialista) e Macron (*En Marche*) estudaram por mais tempo. Como observamos, a relação entre realização educacional e renda auferida não é linear. Dependendo de se você trabalha no setor público ou no privado, com o mesmo número de anos de estudo, a renda do primeiro é menor que do segundo. No setor privado, a especialização é muito importante; os diplomas literários abrem as portas para carreiras que geralmente são menos bem pagas do que os diplomas científicos. E, em geral, no setor privado, as mulheres recebem menos do que os homens e sua carreira é menos promissora do que a dos homens. A relação entre nível de educação e renda é, portanto, mais complexa do que parece à primeira vista. O eleitorado de Macron e os de Fillon (Republicanos) têm os rendimentos mais elevados, embora o nível de educação deste último seja inferior ao dos macronistas. Por outro lado, o nível de rendimento médio dos eleitores em Hamon

[113] SABOIA, Ana Lucia; SABOIA, João. "Whites, Blacks, and Brown in the Labor Market in Brazil: A Study About Inequalities", *The Review of Black Political Economy*, 2009. Disponível em: https://www.researchgate.net/publication/226143548. Acesso em: 12 de maio de 2021.

e Mélenchon (*La France Insoumise*) é baixo, comparável ao dos eleitores em Le Pen, enquanto estes últimos têm um nível de educação inferior. Para um nível de educação relativamente próximo ao do eleitorado de Fillon, seus rendimentos médios são muito mais baixos. Daí decorre um sentimento de injustiça e uma vontade de corrigir essas desigualdades não justificadas por uma política de redistribuição de renda. Como observamos, é isso que distingue o populismo progressista, de esquerda, do populismo de direita.[114]

Além de todas essas reservas, há uma forte probabilidade de que a relação "mal educado – pobre" seja relativamente alta e que, portanto, os evangélicos sejam mais pobres do que os católicos.

Não se pode deduzir dessa relação, entretanto, que os evangélicos constituirão, no futuro, necessariamente o exército das sombras dos movimentos de extrema-direita. Seus votos não seguiram cegamente as preferências de seus líderes religiosos, mas descobriu-se que seu voto em Bolsonaro era significativamente mais alto do que a média nacional. Sendo o domínio dos evangélicos cada dia mais importante, é provável que suas preferências por opções políticas "não liberais" sejam mais fortes amanhã devido às consequências sociais da crise e ao sentimento de que o governo não pode respondê-las. Observamos que em abril de 2020 Bolsonaro perde sua popularidade com as camadas médias que votaram nele, mas mantém sua base dura entre a população pobre, em parte evangélica, que votou nele embora ele esteja se radicalizando contra o Congresso e as decisões dos governadores estaduais para proteger a população da pandemia, contra a profissão médica. Mas esse caminho não é inevitável,[115] primeiro porque a religião às vezes retém

[114] ALGAN, Yann; BEASLEY, Elizabeth; COHEN, Daniel; FOUCAULT, Martial. *Les origines du populisme*. Seuil, 2019, pp. 42-43.

[115] Mélenchon (líder do *La France Insoumise*) tinha uma palavra certa - "Irritado, não fascista" - a respeito do potencial eleitorado de Le Pen, que acabamos de ver, tem características em comum com as das igrejas evangélicas. Mas também é verdade que atraí-los pode ser perigoso quando se considera que as determinações esquerda-direita

a violência, exceto em suas versões mais fundamentalistas, depois porque tudo depende das respostas a serem dadas ao discurso presidencial contra o confinamento e para a retomada do trabalho, muito popular entre os mais pobres, enfim, porque a educação pode ser uma saída para o alto,[116] caso se consiga transformar a escola em uma instituição republicana ao incluir as crianças de qualquer origem. Pudemos constatá-lo, em particular, nas maiores taxas de ingresso nas universidades de não-religiosos e de religiões múltiplas, como observa G. Flexor. Sabemos que é porque a educação liberta que os grupos religiosos fundamentalistas são um tanto militantes em todo o mundo para negar o acesso à educação para meninas. Esse caminho existe e para avaliar as probabilidades dele ser percorrido, devemos analisar o comportamento dos evangélicos e o que os fundamenta.

b. Qual é o comportamento médio dos evangélicos? Como eles se relacionam com a ordem, o aborto, o casamento entre homossexuais, a ajuda aos pobres? Em suma, eles são mais conservadores?

Um paralelo entre a extrema direita francesa[117] e os evangélicos é instrutivo. Ambos têm origem social semelhante e nível de educação bastante baixo; desconfiança do Estado e dos políticos; desconfiança do outro; detestam minorias, sejam elas imigrantes em países avançados, ou índios, negros, movimentos homossexuais. Entendem que uma parcela desproporcional dos impostos seria gasta em políticas sociais alocadas às

são obsoletas e que é necessário unir o povo sem se referir à "esquerda". Portanto, não é surpreendente que esses "fascistas não raivosos" tenham votado esmagadoramente pela extrema-direita e bem pouco na *France Insoumise.*

116 Muito cedo, alguns presidentes da República na América Latina entenderam o papel da educação como fator de emancipação. O ditador (o "supremo") José Gaspar de Francia, no Paraguai, tornou o ensino fundamental gratuito e obrigatório no início do século XIX. Meio século depois, o presidente da Argentina, Domingo Faustino Sarmiento, o seguiu; ainda mais tarde, o mesmo foi feito no Brasil e no México.

117 Utilizaremos aqui os levantamentos realizados pelo CEVIPOF, realizados e repetidos no livro Y. Algan *et alii, op. cit.*

minorias. Não só as minorias custariam às comunidades, mas também tenderiam a esquecer suas obrigações. Os pobres e, em geral, as categorias sociais mais baixas, poderiam considerar que os imigrantes, embora pobres, nos países avançados são "privilegiados", "parasitas" que vivem do trabalho dos nativos e às vezes roubam seus empregos, os pobres atendidos na América Latina e também em diversas associações tuteladas pelo Estado cujo objetivo seria a difusão de valores considerados não saudáveis.

Embora importante e informativo, esse paralelo não é suficiente para identificar a extrema-direita com as igrejas evangélicas. As igrejas evangélicas não funcionam como um partido, embora muitos de seus pastores concorram às eleições. Suas orientações de voto nem sempre são seguidas, embora suas ideias possam se espalhar amplamente, como por exemplo no México e no Brasil.[118] Essas ideias encontram seu caminho em programas políticos onde as minorias são denunciadas como parasitas. Os políticos retomam o discurso evangélico, ampliam-no e legitimam-no, o que, por sua vez, fortalece as igrejas pentecostais. Em um contexto de crise como a que vivemos, isso pode fazer sentido e ser eminentemente perigoso.

1. E quanto à confiança pessoal?

Aqueles que votam na extrema-direita não têm grande confiança interpessoal, obtêm pouca satisfação com suas vidas e sofrem com receios. As últimas eleições presidenciais mostram isso claramente. O eleitorado de Le Pen é aquele que tem de longe a menor satisfação e a menor confiança nas pessoas. Os eleitores de Le Pen desconfiam de seus bairros, mas confiam na família preferindo-a aos outros, estranhos, supostos parasitas e/ou aproveitadores. O medo do outro, o sentimento de rebaixamento quando têm diplomas e empregos que pouco fazem

[118] Nas eleições presidenciais brasileiras, cerca de 65% dos evangélicos votaram no candidato Jair Bolsonaro. Portanto, nem todos votaram em Bolsonaro, mas como representam pouco mais de um quinto da população, essa votação deu a ele a maioria (56%) e a vitória.

por eles, a ansiedade pelo futuro, levam-nos a procurar bodes expiatórios: as minorias, aqueles que "lucram com o sistema". Nos países avançados, são sobretudo os imigrantes, isto é, os muçulmanos, que, pela sua presença e pelos riscos evocados de uma "grande substituição", põem em perigo os valores cristãos. Na América Latina, muitas vezes são os índios, os negros, os homossexuais, até os comunistas, um velho fantasma que às vezes reaparece. Nos países avançados, os bodes expiatórios supremos são os partidos políticos tradicionais, os do sistema, denunciados como corruptos, a serviço do estrangeiro, antinacionais. No Brasil, é o Partido dos Trabalhadores e seu líder carismático, Lula, que concentra todo o ódio.[119] Esse ódio expressa mais raiva do que medo. O medo paralisa, a raiva é a base do populismo e permite que se expresse, atue.[120]

Laço social ou desintegração, confiança ou desconfiança em relação às minorias, uma retrospectiva dos debates

Muitos sociólogos e economistas consideram que a diversidade, ao contrário da unidade, diminui o "capital social" de uma nação ao desenvolver, a curto e médio prazo, a desconfiança recíproca entre as comunidades, uma desintegração do laço social. Uma parcela desproporcional dos impostos seria gasta em políticas sociais alocadas às minorias. Não só as minorias custariam a outras comunidades, mas também tenderiam a esquecer suas obrigações. Os pobres e, em geral, as categorias sociais mais baixas podem considerar que os imigrantes são "privilegiados", "parasitas" que vivem do trabalho dos nativos e às vezes tomam seus empregos. Tais argumentos são desenvolvidos, às vésperas de eleições nacionais ou regionais, por partidos populistas e, como veremos, por igrejas pentecostais na América Latina.

---

119 AUBRÉE, Marion. "Intronizaçao de um Trump tropical". Revista Confins, n. 501, 2019.

120 ALGAN, Yann; BEASLEY, Elizabeth; COHEN, Daniel; FOUCAULT, Martial. *Les origines du populisme*. Seuil, 2019.

"Em contrapartida, para outros autores, a diversidade é um 'bem social'. De acordo com R. D. Putnam (2007), uma distinção deve ser feita entre o curto, médio e longo prazo. A diversidade, a curto e médio prazo, diminui o capital social e, consequentemente, a coesão social, ao passo que, a longo prazo, a fortaleceria desenvolvendo novas formas de solidariedade. Mais precisamente, Putman testou duas teses opostas sobre diversidade. "De acordo com a primeira tese, demasiada diversidade alimenta o conflito; segundo a segunda, a diversidade promove o contato entre diferentes populações e, com isso, enriquece suas relações". Putnam estabelece relações entre o grau de homogeneidade e o grau de confiança que diferentes comunidades (ou etnias no sentido americano do termo) têm umas nas outras. Os resultados de sua investigação parecem confirmar a tese do "conflito", mas parcialmente também a do "contato". Na verdade, quanto mais a diversidade étnica (entendida no sentido de comunidades) é alta em uma cidade, menor o grau de confiança entre os grupos étnicos. Essa conclusão é confirmada quando você faz a pergunta de maneira um pouco diferente e pergunta às pessoas quanta confiança elas têm em seus vizinhos. Quanto maior a diversidade, menos confiança as pessoas têm em seus vizinhos. Essas duas observações parecem corroborar a chamada tese do conflito. No entanto, quando relacionamos o nível de confiança líquido (ou seja, confiança na própria comunidade menos confiança em outras comunidades) e o grau de homogeneidade em um determinado espaço, não observamos estritamente nenhuma correlação entre as duas variáveis, o que de acordo com Putnam significa que nem o conflito nem a tese de contato seriam relevantes. Putnam conclui que as duas teses coexistem mas que, apesar disso, a diversidade deteriora o capital social a curto e médio prazo.[121]

Ir além dos problemas pessoais e viver em harmonia na maioria das vezes requer introspecção e pode exigir a ação de um exorcista encarregado de erradicar o mal que alguém pode carregar dentro de si.

---

121 SALAMA, Pierre. Migrants et lutte contre les discriminations en Europe. *Strasbourg*: Éditions du Conseil de l'Europe. Banco do Nord est, 2010.

Nas igrejas pentecostais, a referência principal é a Bíblia. Seu ensino permite que os seres humanos se regenerem. Em outras palavras, o que pode acontecer de ruim com ele não é necessariamente culpa da empresa, mas principalmente dele. Não ter seguido o ensino da Bíblia leva ao fracasso pessoal. A sociedade é desigual, as desigualdades de renda e riqueza são inaceitáveis, mas seria um erro esperar que o Estado as reduzisse e ajudasse os pobres. A ação pública não deve ser exercida em favor de uma minoria, os pobres, em detrimento da maioria. Favorecer os pobres ao permitir que eles frequentem a universidade,[122] por exemplo, pode ser feito às custas de outras pessoas, o que do ponto de vista de toda a sociedade seria prejudicial. Mas, acima de tudo, ajudar os pobres é promover sua preguiça natural em detrimento deles próprios e de toda a sociedade, é promover o clientelismo (compra de votos) e a corrupção, enquanto a Bíblia ensina probidade e a necessidade de esforço individual para sair da pobreza. Assim, como escreve Flexor:

> [...] em contraposição, ainda segundo esta narrativa, o mercado oferece uma solução para o problema da pobreza muito mais eficaz e justificável porque beneficia o maior número: incentiva o esforço e cria oportunidades para ganhos benéficos para todos. Nesse sentido, em termos de justiça social, o mercado pode substituir com vantagem o Estado. Quando este último é corrupto e está a serviço de seus próprios representantes, a ajuda aos pobres pode ser comparada à compra de votos e os impostos passam a ser vistos como fonte de ineficiência e corrupção.[123]

Podemos considerar que há uma contradição entre o discurso que exalta o esforço individual e denuncia a preguiça e o fato de que os evangélicos, sendo esmagadoramente pobres ou vulneráveis, serem os que mais se beneficiam e apoiam algumas das medidas do auxílio estatal?

---

[122] Como fez Lula, no Brasil, ao permitir o acesso à universidade a pessoas que não têm nível suficiente porque, como pessoas pobres, não tiveram oportunidade de frequentar boas escolas.

[123] FLEXOR, Georges. *Fé e classes sociais*. Mimeo, 2020, p. 18.

Levantamento feito por G. Flexor observa que as políticas de repasses assistenciais não são rejeitadas pela população da periferia carioca. Católicos e evangélicos têm uma postura tímida sobre o assunto. São especialmente aqueles sem religião que são relativamente contra tais repasses, mais que os católicos e os evangélicos, assim como os brancos dentre os mais abastados. Mais escolarizados, provavelmente mais bem pagos, os "sem religião" têm a impressão de pagar pelos outros e essa sensação é ainda mais clara dentre os brancos mais ricos. Se entrarmos em detalhes, observaremos que as políticas de transferência ("bolsa família", atendimento a deficientes, auxílio na compra de casa) são mais aceitas do que aquelas que visam estabelecer uma renda mínima ou que permitem o acesso a hospitais públicos sem contribuição. Por outro lado, os "sem religião" são a favor de políticas de ação afirmativa para o acesso às universidades públicas e privadas, provavelmente porque se beneficiaram com elas ou esperam que seus filhos se beneficiem delas.

De um modo geral, a desconfiança do Estado baseia-se em duas avaliações críticas, sendo a primeira a de que o Estado não é tão eficiente quanto o mercado, local onde as iniciativas individuais podem ser valorizadas; a segunda é que o inchaço do Estado e dos gastos públicos é sinônimo de clientelismo e corrupção. É o que explica porque no primeiro mandato de Lula e no caso de corrupção chamado "mensalão" (mensalidades pagas aos deputados para votação de leis) e em outros assuntos ("ajuda" para os pequenos partidos, sendo que os deputados evangélicos que se valeram dessas "generosidades" (29 de 70) puderam ser beneficiados e, posteriormente à eleição, pagá-las. 49 deputados evangélicos não foram reeleitos. Tudo isso explica por que os deputados evangélicos costumam ter uma postura mais pragmática do que sugere seu discurso: desconfiados do Estado, promulgam leis que podem estar situadas no limite de seus ideais ou calar diante dos anúncios de transferências para os pobres. A política de transferências sociais de Lula e a política de ajudar os pobres de Lopez Obrador não encontraram oposição feroz no auge de seu discurso, como se o essencial estivesse em outro lugar, mesmo se devemos notar que a oposição dos evangélicos é um pouco mais forte do que a dos católicos nessas questões.

Então, o que é essencial?

1. A luta por seu desenvolvimento no mundo político (vimos que os evangélicos mexicanos se apropriam de Juarez e seu legado na esperança de que isso os ajude a se desenvolver); 2. A luta pelos valores tradicionais, "culturais" – entendidos aqui como congelados no tempo – ligados à família. O culto então se junta ao cultural. Em suma, então, se não há um divórcio entre ideias e a prática, se o pragmatismo parece prevalecer, é provavelmente porque uma oposição é feita em relação a outros temas de cunho mais cultural.

Os evangélicos, portanto, se opõem às minorias, sejam aquelas que existem "naturalmente" (os índios amazônicos, por exemplo), ou aquelas que surgem como resultado de suas lutas. Assim é com as mobilizações dos homossexuais – pelo reconhecimento de seus direitos, como o casamento entre pessoas do mesmo sexo ou o aborto – porque esses são contrários, segundo sua leitura, aos preceitos da Bíblia. Conforme G. Flexor:

> "O DataFolha em 2016 indica uma rejeição muito maior ao casamento homossexual entre os evangélicos do que entre o resto da população: 68% são contra, 18% aceitam e 10% lhe são indiferentes. Para o conjunto da população, o índice de rejeição é de 42% e a proporção dos que são a favor é de 44%. Em relação à questão do aborto, os evangélicos também são o grupo que apresenta as posições mais conservadoras. A mesma pesquisa revela que 64% desses últimos são a favor de medidas judiciais, como penas de prisão, contra as mulheres que praticam o aborto. Os católicos têm opiniões semelhantes, mas geralmente são menos radicais. Um pouco mais da maioria (58%) apóia esse tipo de medida. Os evangélicos são mais tradicionais do que o resto da população no que diz respeito à divisão do trabalho entre homens e mulheres dentro da família "(p. 5 e 6), o que provavelmente explica a "suavidade" do apoio de López Obrador às mobilizações contra o feminicídio.

2. As ideias conservadoras estão crescendo na América Latina e marcam cada vez mais a vida política

A posição dos católicos sobre os valores culturais se aproxima da dos evangélicos, que é cada vez mais influente. A crise atual está enxertada em situações econômicas já muito frágeis na maioria dos países latino-americanos. A escala das respostas à crise não parece estar à altura dos requisitos da maioria dos países e, embora às vezes sejam tomadas medidas mais significativas, muitas vezes essas estão atrasadas em relação à taxa de contágio da pandemia.

A crise econômica se manifesta por uma queda significativa do PIB, uma queda ainda mais significativa da indústria e do comércio, uma desvalorização das moedas nacionais em decorrência de saídas de capitais sem que isso pudesse favorecer as exportações,[124] dada a diminuição da produção por causa do contágio. A crise econômica está se aproximando e as primeiras estimativas de redução do crescimento são otimistas. A crise social está crescendo. Já estava presente em muitos países devido à situação econômica pré-pandêmica. Com a pandemia, a crise social cresce consideravelmente: aumento da informalidade dos empregos e da taxa de desemprego, queda da renda do trabalho, aumento da pobreza e da pobreza extrema. A incerteza sobre o futuro aumenta a ansiedade.

Há um divórcio entre uma situação econômica complicada e a demanda cada vez mais compartilhada por respostas políticas simples. Aqueles que conseguem oferecê-las estão colhendo os frutos em termos de popularidade. Este é o caso do Presidente do México até agora. Quem não oferece resposta nenhuma perde credibilidade, como o presidente do Brasil. Aqueles que rejeitam respostas simples e tentam responder à complexidade da crise às vezes mantêm sua popularidade

[124] Assim, de fevereiro a fevereiro, o crescimento das exportações para os Estados Unidos foi de 8,9% em 2018, 6,5% em 2019 e 5,2% em 2020, segundo dados oficiais dos Estados Unidos. Na comparação anual, as exportações mexicanas para os Estados Unidos superaram as da China, caindo 31,30%. No entanto, de acordo com as projeções da OCDE ao final de março de 2020 para os países do G-20, o México deve ser o país mais afetado pela crise.

por enquanto, mas ninguém pode dizer que a popularidade continuará. É o caso do presidente da Argentina.

As soluções simples são de duas ordens: minimizar a pandemia e sugerir que é possível mitigar seus efeitos por meio de práticas religiosas que respeitem valores considerados sagrados. Nós já os listamos. Afirmam que o retorno ao trabalho é absolutamente necessário invocando que a crise, provocada pela contenção e a parada da produção não atendendo às necessidades imediatas, pode matar mais do que a Covid-19, que após um certo tempo pode se tornar uma realidade.

A volta ao trabalho encontra certo eco entre aqueles que não conseguem sobreviver no confinamento, que precisam trabalhar para alimentar a família mesmo que isso implique o risco de morrer, risco minimizado pelas falas de alguns presidentes. Essa exigência, repetida dia após dia pelo presidente brasileiro, permite designar um bode expiatório: políticos, governadores de estados, às vezes ministros da saúde, que bloqueiam qualquer possível retorno ao trabalho. E como existe uma profunda desconfiança do Estado e da política, alimentada pelos evangélicos, tal discurso encontra eco popular. Este eco é ainda mais forte potencialmente à medida que a crise e a deterioração social evoluem mais rápido do que as melhorias esperadas pelas políticas, que incluem medidas anticíclicas para ajudar as empresas à beira da falência e para aliviar as famílias por meio de pagamento de determinados valores, aliás muito modestos. Desconfiança generalizada em relação ao Estado e desconfiança exacerbada por sua incapacidade de conter a crise e melhorar a situação, ambas clamam por respostas simples e radicalização do discurso por um Estado forte, entendido como um Estado que não se preocupa com o jogo das regras democráticas.

Os evangélicos têm respostas simples para os problemas colocados pela pandemia. É por isso que podem ser vetores de uma ascensão da extrema-direita. Isso explica porque se o presidente brasileiro está perdendo popularidade entre as camadas médias[125], ele mantém o apoio

[125] Suas posições ao encontro dos ultraconservadores geram oposição não apenas daqueles que se opuseram à sua eleição, mas também daqueles para quem esses discursos

dos pobres que votaram nele, e principalmente dos evangélicos, pelo menos enquanto ele não for afetado pelos casos de ingerência política e jurídica, corrupção e até cumplicidade em assassinatos que pesam sobre ele e seu círculo familiar.

O horizonte não é tão obscuro como descrito acima, no entanto. Já antes da pandemia, convulsões políticas estavam tomando forma em muitos países latino-americanos. Depois da onda de direita, uma onda progressiva começou a emergir de inúmeras manifestações em vários países, como no Chile e no Equador, a eleição de novos presidentes no México e na Argentina, de um prefeito homossexual em Bogotá (Colômbia) com, no entanto, uma sombra na Bolívia com a queda de Evo Morales.

Quando consideramos a popularidade do recém-eleito presidente argentino e a do presidente mexicano em declínio, vemos que, apesar de situações econômicas muito difíceis (queda do PIB, aumento do desemprego, informalidade, pobreza, salários reais mais baixos), os presidentes mantêm altos níveis de confiança. Tal situação pode ser entendida em relação ao presidente argentino que, como vimos, adotou com bastante rapidez o confinamento, medidas anticíclicas, ajuda direta aos mais necessitados, aos empregados colocados em situação de desemprego parcial. É mais difícil de entender no caso do México, onde, além das medidas de contenção, quase nada foi feito a não ser prometer a criação de dois milhões de empregos. É certo que essa popularidade está diminuindo, principalmente no que diz respeito às suas reações à violência contra as mulheres e ao feminicídio – 76% da população considera que o presidente reagiu mal às manifestações –, mas também em outras áreas. Pesquisas de opinião realizadas no final de fevereiro de

chocam e esperam uma intervenção mais substancial do Estado para salvar a economia. E, para complicar, os atrasos de conflitos não resolvidos, os excessos não só verbais, mas factuais como os que pretendem influir na justiça nas investigações em curso, o papel do Exército, faz com que o todo que surge não seja muito coerente. É o caso, por exemplo, do conflito de abril de 2020 entre o presidente, apoiado por generais, pela implementação de um Plano Marshall, que levou a uma maior intervenção do Estado e do seu Ministro da Economia, que permanece atrelado a velhas miragens liberais.

2020 mostram que a popularidade do presidente continua alta em fevereiro, 63%, treze meses após o início de seu mandato (77%), mas que, no que diz respeito à sua política de combate à pobreza, a confiança declinou entre janeiro de 2020 e fevereiro de 2020, de 58% para 43%, em relação a sua política de combate à corrupção de 56% para 39%, quanto a sua política a favor da educação de 74% para 70%, saúde de 59% para 47% e, sua política voltada a impulsionar a economia de 67% para 62% entre as mesmas datas (ver *El Financiero* de 4 de março de 2020). Outra pesquisa realizada em meados de abril de 2020 revela que 66% dos mexicanos estão preocupados com a pandemia. Ao pedir para escolher entre três temas: o Coronarovírus, a insegurança e as questões econômicas (incluindo o desemprego), 56% estão preocupados com a pandemia em 18 de abril contra 51% um mês antes, insegurança 11% contra 25%, e a economia 25% contra 16% um mês antes. O medo da pandemia apaga um pouco outras preocupações, especialmente a insegurança, mas os primeiros efeitos econômicos estão se fazendo sentir, sendo a angústia pela perda do emprego e a queda de sua renda cada vez maiores. 71% dos mexicanos aprovam a contenção, 78% acreditam que os efeitos da pandemia serão piores no futuro (*El Financiero* 18 de abril de 2020). Em suma, a persistência da popularidade de Lopez Obrador é importante, mas, como a pandemia continua a causar estragos, torna-se mais frágil.

Na Argentina, o presidente e o governo recém-eleitos (10 de dezembro de 2019) têm que administrar uma situação econômica muito séria: dívida pública que aumentou em três anos, taxa de crescimento negativa do PIB, queda considerável dos salários, aumento do desemprego e aumento da informalidade. Em meados de abril, porém, 75,1% da população considera que as medidas tomadas pelo governo para combater a pandemia são boas, 46% aprovam a contenção e 40,1% aprovam parcialmente, indicando que gostariam de uma maior grau de flexibilidade nesta medida. 64,1% tem uma imagem positiva do governo em meados de abril contra apenas 40% um mês antes.

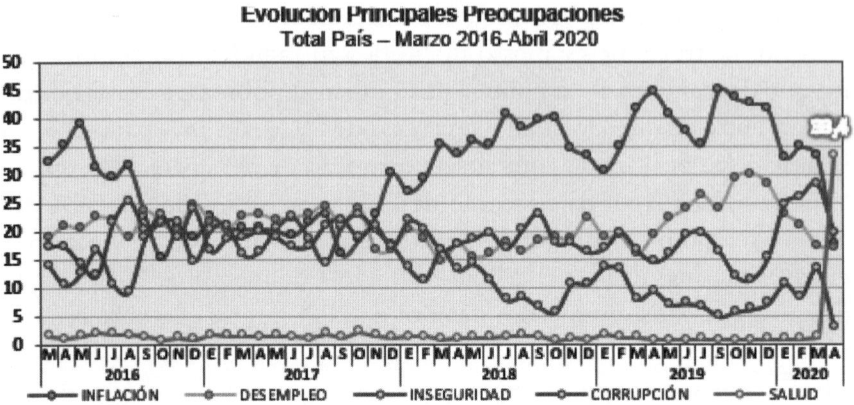

Embora a taxa de inflação permaneça em um nível muito alto, a preocupação dos argentinos com ela cai drasticamente, assim como com a corrupção, a insegurança e o emprego. Só a preocupação com a saúde vem aumentando consideravelmente.[126]

Nestes dois países, Argentina e México, embora em crescimento, o peso das correntes evangélicas é menos importante do que na América Central ou no Brasil, 9% para um e 6,3% para o outro em 2014. Apesar da agravamento da crise econômica, a ascensão do poder das correntes evangélicas, a incapacidade mais ou menos relativa dos governos para superar os problemas colocados por esta crise e a pandemia, a chegada de correntes "iliberais ao estilo húngaro" no poder, ou mesmo novas ditaduras militares, na forma de populismo de extrema-direita, não são inevitáveis. Os evangélicos, apesar dos valores aos quais aderem, não constituem, todos eles, o exército negro da extrema direita. Eles são compartilhados entre diferentes igrejas, cada uma com suas próprias nuances. Muitos pobres e entre eles evangélicos – embora em minoria – votaram no Partido dos Trabalhadores no Brasil, principalmente no Norte e Nordeste do país, as regiões mais pobres. De modo geral, os pobres não são a nova "classe perigosa", embora as palavras dos

---

126 Ecolatina, 17 de abril de 2020.

evangélicos possam influenciá-los negativamente. Por isso é preciso se preocupar com suas necessidades e não discutir de maneira abstrata o que é bom e o que é ruim diante da pandemia. Não levá-los a procurar emprego a todo custo, apesar dos perigos para eles e sua vizinhança, exige o pagamento de uma renda mínima, a distribuição de alimentação gratuita. Ignorar esta dimensão é empurrá-los para as soluções "simples" que analisamos.

Conclusão

O futuro não é conhecido nem inevitável. As tendências são previsíveis e dependem tanto de fatores exógenos e incontroláveis quanto da evolução do equilíbrio de forças gerado pela crise. Podemos considerar que, para todos os países, a extensão da crise econômica é propícia ao desenvolvimento de novas formas de dominação do Estado. Porém, se a crise perdurar e se desenvolver com sua sucessão de novos pobres somando-se aos que já são pobres, com o empobrecimento das classes médias, como é provável na América Latina, então o Estado aparecerá cada vez mais como aquele que não consegue encontrar soluções para reduzir seu custo social. A percepção da perda de credibilidade dos governos pode dar origem a novas formas "iliberais" de democracia.[127] A busca por um Estado forte, personalizado em torno de um líder carismático, encorajaria o surgimento de novas formas de populismo com o provável apoio das crescentes igrejas evangélicas.

[127] HAASS, R. "The pandemic will accelerate history rather than reshape it". *Foreign Affairs*, April, 2020.

CONCLUSÃO GERAL

A pandemia pode ser uma oportunidade para uma mudança fundamental e para decidir sobre um conjunto de medidas estruturais que promovam as questões sociais e ambientais para finalmente seguir o caminho do desenvolvimento sustentável. Eles são em número de oito:

1. O aumento da agricultura de exportação ocorreu às custas dos camponeses. A maior parte da mineração foi realizada em detrimento das populações indígenas. A reprimarização foi feita sem respeitar o meio ambiente e a saúde dos camponeses, garimpeiros e das populações do entorno. Isso resultou na deterioração de sua saúde, na migração econômica forçada para as cidades. A imposição de padrões ambientais e seu respeito é cada vez mais uma necessidade para a sobrevivência;

2. No contexto latino-americano onde o mercado interno desempenha um papel importante, é necessário aumentar o poder de compra do trabalho. Esta melhoria do poder de compra pode impulsionar o mercado interno;

3. Essa melhora passa principalmente pela redução das desigualdades sociais graças a uma reforma tributária não regressiva e possa promover a solidariedade. Esta não é apenas uma necessidade ética, mas também econômica;

4. É necessário melhorar as capacidades do tecido industrial para responder ao aumento da procura, aumentando as despesas

com pesquisa e desenvolvimento, melhorando substancialmente a produtividade do trabalho e a taxa de investimento no setor industrial e de serviços de alto nível tecnológico a ele relacionados e, assim, permitir que as empresas produzam bens complexos de alta tecnologia a par com o que a Coreia do Sul fez e faz, promovendo o protecionismo seletivo e temporário que rompe com as práticas que permitiram o desenvolvimento da globalização;

5. A escolha de uma taxa de câmbio desvalorizada é condição *sine qua non* para evitar os efeitos perversos de uma moeda valorizada no tecido industrial;
6. Uma política industrial agressiva que aposta nas indústrias do futuro;
7. Desenvolver uma política de redistribuição em favor das categorias mais vulneráveis;
8. O retorno de um Estado estratégico, contrariando as leis do mercado.

Todas essas medidas estão vinculadas uma às outras. Abraçar uma e abandonar as outras é reduzir sua eficácia potencial. Um exemplo: a adoção de uma taxa de câmbio depreciada não levará automaticamente à reindustrialização. Esta é uma condição necessária, mas não suficiente, embora a prática de uma taxa de câmbio apreciada possa, no passado, ter favorecido a desindustrialização. Portanto, este é um momento de ruptura. Isso geralmente é possível durante grandes eventos. Não se trata, portanto, de soluções técnicas, mas de soluções políticas que envolvem grandes mobilizações.

"Sejamos realistas, vamos pedir o impossível" é a única saída da cova em que a América Latina se afundou há tantos anos e na qual agora mergulha com o Covid-19. Só assim é possível avançar sem recuar.

POSFÁCIO

Uma corrida para a morte?

O que podemos aprender com a gestão da pandemia no Brasil.[128]

Anualmente são gastas somas consideráveis para inventar novas vacinas em países avançados, e isso é uma coisa boa. Contudo, não se gasta o suficiente na análise das causas de novas pandemias. As políticas públicas para tentar limitar ou mesmo reduzir os danos causados à natureza estão longe do que seria necessário para inverter as tendências observadas nas últimas décadas, em todos os países, com algumas exceções. Como se pode ver frequentemente, não é dada prioridade à prevenção, e as políticas para contrariar os efeitos das pandemias têm precedência sobre as necessárias para as prevenir. É apenas recentemente que surgiu uma certa consciência – particularmente entre os jovens – da relação entre os danos impostos à natureza, por um lado, a poluição

[128] Acabei de escrever o meu livro em maio-junho de 2020, que foi publicado na França em novembro. Não queria mudar nada no manuscrito para a sua versão portuguesa. Em vez de modificar algumas passagens para ter em conta os acontecimentos atuais tanto sobre as medidas importantes como, em certa medida, surpreendentes, tais como a que diz respeito ao auxílio emergencial, preferi escrever este posfácio. Gostaria de agradecer a Edna Castro pelas correcções feitas à tradução deste pósfacio.

e o aparecimento de novos vírus, por outro. No entanto, durante anos, mesmo décadas, ecologistas e climatologistas têm vindo a alertar para futuros desastres.

O desmatamento da Amazônia que se tem observado nos últimos anos, fortemente encorajado pelo Presidente Bolsonaro, com o objetivo de aumentar as áreas dedicadas às culturas de exportação e à exploração dos recursos mineiros, não está isenta de consequências sobre o aparecimento de vírus e as alterações climáticas em geral. Sabe-se agora que o ataque maciço à biodiversidade altera o equilíbrio ecológico. Menos biodiversidade aumenta as epidemias infecciosas e a possibilidade de espécies resistentes as transmitirem aos humanos, quer direta quer indiretamente, transmitindo-as a outras espécies em contato com os humanos.[129] Pelo contrário, o aumento da biodiversidade, especialmente onde foi severamente afetada, reduz a probabilidade de novas epidemias, a que os ecologistas chamam o "efeito de diluição". Evidentemente, a questão aqui não é afirmar que a responsabilidade direta pelo aparecimento da SARS-COV-2, que está na origem da atual pandemia, está diretamente ligada ao desmatamento da floresta

[129] Ver o excelente livro de M-M. Robin (com a colaboração de S. Morand), 2021, "La fabrique des pandémies, préserver la biodiversité, un impératif pour la santé planétaire", com base num grande número de entrevistas com ecologistas, alguns excertos das quais são aqui dados: "Vi como grandes empresas violam territórios indígenas em nome do desenvolvimento, que não trazem qualquer benefício às comunidades, pelo contrário: são marginalizadas e entram no círculo vicioso da pobreza porque o ambiente de que dependem para a sua subsistência é destruído" (p. 168), entrevista com G. Suzan; "Quando se comparam dados espaciais e temporais sobre desflorestação com os dados sobre doenças infecciosas emergentes, é evidente que estão correlacionados" (p. 66, entrevista com S. Morand); sobre os mecanismos de propagação ao homem: "Quando os ecossistemas são perturbados, as espécies "especializadas" (aqui roedores, PS) (altamente adaptadas a um tipo particular de habitat, pouco fértil) desaparecem em favor dos "generalistas" (mais férteis, mais capazes de se adaptarem), o que leva a uma diminuição da biodiversidade dos roedores... O resultado é um aumento da transmissão do vírus na população hospedeira, que é mais abundante, e um aumento do risco para o homem" (p. 135, entrevista com J.Mill); "Para além da caça, a desflorestação e a fragmentação dos habitats naturais causam stress nos morcegos, o que leva a um enfraquecimento do seu sistema imunitário [...] todos estes eventos são conducentes a uma explosão de excreção viral, o que favorece a transmissão de agentes patogênicos a outras espécies animais, incluindo os seres humanos". (p. 121, entrevista com G. Maganga).

amazônica, mas insistir na relação causal entre os danos à biodiversidade em muitos países e o aparecimento de vírus. A redução da biodiversidade e as suas consequências nocivas para a natureza e para os seres humanos estão ligadas tanto aos novos padrões de consumo como à globalização, cuja taxa de crescimento acelerou até 2008.[130] Vimos isto recordando o diagnóstico de S. Morand e outros ecologistas: "O mundo não descobriu como lidar com pandemias atualmente. Elas se multiplicaram por dez desde 1940". Sem aderir a certas tendências catastróficas ou às teses de decrescimento, a crise atual exige mudanças nos nossos modos de produção, consumo e comércio, dando prioridade a proximidade e ao respeito pela biodiversidade e, no caso do Brasil, preservando a grande floresta e outras regiões ameaçadas pela perda da biodiversidade em favor da monocultura.

Em 15 de março de 2020, o número de mortes ultrapassa 277.000 e o governo do Brasil prevê 3.000 mortes por dia. A única esperança de parar esta acumulação de mortes seria a vacinação em massa, que na altura da escrita deste texto, ainda está muito longe, devido à falta de vacinas suficientes. Poderia, no entanto, acelerar com a esperada produção local de vacinas.

Os dados sobre o número de mortes são mais ou menos fiáveis. No início da pandemia, não o eram, como já salientamos. Depois, tornaram-se mais fracos. Se olharmos para o número de mortes por

---

[130] Essa multiplicação das epidemias tem alguma relação com a globalização do comércio? Sim, mas não direta. Não foi a globalização que produziu a pandemia, embora ela tenha sua parcela de culpa pela degradação da natureza que acabou resultando no aparecimento do novo vírus. A globalização e, depois, a hiperglobalização resultaram num aumento do comércio, estimulado por uma redução significativa no custo do transporte marítimo. Esse tipo de transporte tem também um custo ambiental. A liberação de CO_2 e o efeito estufa contribuem para o aquecimento global, que causa a degradação dos ecossistemas. As multinacionais, assim como fazem para pagar menos impostos, buscam reduzir custos jogando com os códigos trabalhistas de diferentes lugares do planeta, já que em vários países tais códigos são apenas proforma, não sendo aplicados. Podemos, portanto, considerar que, direta e indiretamente, a globalização é um difusor de pandemias que pode, em parte, ser também sua causa. Além disso, dialeticamente, a pandemia pode ter também um forte impacto na globalização, revelando todas as suas fragilidades.

milhão de habitantes em 3 de março de 2021, segundo John Hopkins Unversity, o número de mortes é de 1251, menos do que o México, 1459, Peru, 1430, e menos do que os Estados Unidos, 1541, Bélgica, 1925, Reino Unido, 1836, muito próximo da França, 1279. A 8 de março de 2021, a fronteira de 700.000 mortes foi passado para os 34 países da América Latina, dois terços dos quais afetam o Brasil e o México.

Grafico 1: Covid-19 no Brasil, mortes confirmados em 24 horas e média móvel de 7 dias (dados de 13 de março de 2021)

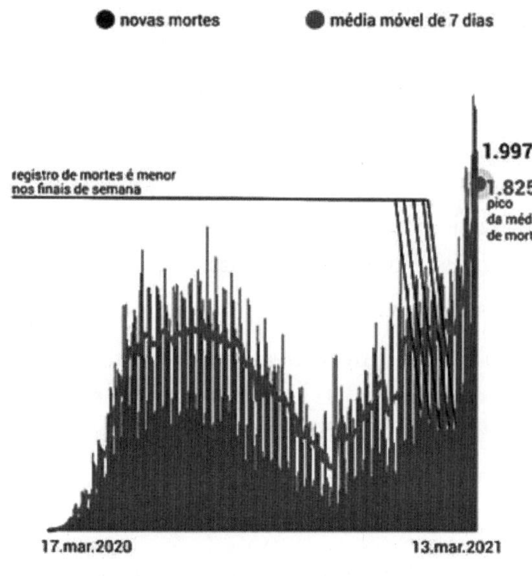

Fonte: tabulaçao de dados do Ministerio da Saude, in Poder 360

I. O que é que esta pandemia revela?

1. Em geral, em todos os países, os idosos são mais vulneráveis ao vírus do que os jovens. As pessoas que sofrem de comorbidade são mais afetadas do que as que estão de boa saúde. Os pobres são também mais vulneráveis do que os mais ricos; a sua esperança de vida é inferior à da classe média e muito menos à dos ricos. Finalmente, os negros, índios que são mais frequentemente pobres do que os

brancos, são mais afetados do que os brancos nos países avançados e na América Latina.[131]

Nos Estados Unidos, a mortalidade é proporcionalmente maior para os negros do que para os brancos. De acordo com o *Financial Times*, utilizando dados americanos do departamento de saúde local, os negros (geralmente mais pobres que os brancos) são muito mais afetados do que os brancos em proporção à sua população na maioria das grandes cidades e estados. Em Chicago, 70% das mortes devidas a Covid concentram-se na população negra, o que corresponde a um terço da população, e, em Michigan, 40% das mortes para uma população negra que é apenas 14% da população total. Tem também o mínimo acesso à vacinação, pelo menos na altura da presidência de Trump.

Na América Latina, a falta de camas de reanimação nos hospitais públicos, a falta de oxigênio no Brasil, México e outros países reduz as hipóteses de recuperação ou mesmo de sobrevivência das pessoas afetadas pelo vírus. Esta escassez é uma consequência das escolhas do passado para abrandar o aumento das despesas de saúde pública numa altura em que a esperança de vida aumenta e as necessidades de saúde crescem em conformidade. É também uma consequência das políticas de favorecer os hospitais privados em detrimento dos hospitais públicos. Reforça as desigualdades face ao vírus, pois os pobres só têm acesso apenas aos hospitais públicos, geralmente menos bem-equipados do que os hospitais privados, exceto em alguns.

As despesas com a saúde, tanto públicas como privadas, na América Latina são muito diferentes de um país para outro. Como percentagem do respectivo PIB, são mais elevados na Argentina, Brasil e Uruguai do que em outros países.[132] Em 2020, a despesa total com a

---

[131] Cepal, enero de 2021, Informe Covid-19, Las personas afrodescendientes y el Covid-19: develando desigualdades estructurales en America latina, onde estas desigualdades são analisadas no que respeita à sobrepopulação, acesso à água, etc., utilizando dados da Colômbia, Peru, Guatemala e México.

[132] CETRÁNGOLO, Oscar; GOLDSCHMIT, Ariela. "Desafíos crónicos de los sistemas de salud luego de un episodio agudo", fev. 2021. Disponível em: https://alquimiaseconomicas.com/author/alquimiaseconomicas. Acesso em: 12 de maio de 2021.

saúde (pública, privada e de "bolsillo"[133]) no México foi de 7,3% do PIB (40% desta despesa total é a chamada despesa "bolsillo"; 9,4% do PIB na Argentina (dos quais 18% é "bolsillo") e 9,3% do PIB no Brasil (dos quais 20% é "bolsillo"). O número de camas hospitalares por 1.000 habitantes era de 5 na Argentina, 2,3 no Brasil e 1,3 no México, e o número de médicos por 1.000 habitantes era de 4 na Argentina, 1,8 no Brasil e 2,4 no México, segundo Cetrángolo e Goldschmit,[134] com base em dados do Banco Mundial e da Organização Mundial de Saúde. A fragmentação dos sistemas de saúde e a importância relativa das despesas com o "bolsillo" acentuam geralmente as desigualdades em detrimento dos mais pobres, tornando-os ainda mais vulneráveis do que eles são.[135]

A incapacidade de satisfazer a elevada procura de máscaras, roupas especiais para os trabalhadores da saúde, produtos de teste, respiradores e oxigênio na sequência da pandemia também torna cada vez mais difícil para os hospitais cuidar das pessoas mais afetadas e proteger contra a pandemia. Esta incapacidade deve-se em grande parte à crescente dependência em relação aos países asiáticos de uma série de drogas e equipamentos, e, em última análise, ao processo de desindustrialização que caracteriza a maioria dos países latino-americanos, particularmente o Brasil. No destaque a seguir, podemos ver tanto as vulnerabilidades

---

[133] De "bolsillo", ou seja, não reembolsado. Estão concentrados nos mais pobres que têm pouco ou nenhum acesso a reembolsos, quer porque não pagaram contribuições, quer porque não têm acesso a seguros privados.

[134] CETRÁNGOLO, Oscar; GOLDSCHMIT, Ariela. "Desafios crónicos de los sistemas de salud luego de un episodio agudo", fev. 2021. Disponível em: https://alquimiaseconomicas.com/author/alquimiaseconomicas/. Acesso em: 12 de maio de 2021.

[135] Os países com mais de 10 leitos hospitalares – públicos e privados – por mil habitantes (ou seja, que não são leitos de terapia intensiva) apresentaram a menor taxa de mortalidade causada pela pandemia. Segundo a OCDE, em 2017, a Coreia do Sul tinha 12,7 leitos por mil habitantes, a Alemanha 8, a França 5,97, os Estados Unidos 2,76, o Chile 2, o Brasil 1,95 e o México 1,39. Também é interessante observar a distribuição público-privada dos leitos. O percentual de leitos em hospitais públicos sobre o total de leitos (públicos mais privados) é de 10,2% na Coreia do Sul, 40,8% na Alemanha – cabe pontuar, no entanto, que os hospitais privados nesse país estão sujeitos ao serviço público universal –, 61,6% na França, 22,1% nos Estados Unidos, 73,9% no Chile e 73,9% no México. (Ver: Cetrangolo O. e Goldschmit, abril de 2020, blog *Alquimias económicas*).

diferenciadas como os efeitos da desindustrialização na França em comparação com a industrialização na Alemanha.

Diferentes vulnerabilidades estruturais à pandemia consoante os países: França e Alemanha.

O vírus SARS-CoV-2 infectou, no caso da Europa, um "corpo enfermo". Um corpo que já estava doente? Sim, infelizmente. Desde o final dos anos 1970, a taxa de crescimento do PIB *per capita* desse continente foi, em média, bastante modesta, contrastando com os anos de expansão que se estendem do pós-guerra até os anos 1970. A França está pagando um preço alto por conta do vírus, em primeiro lugar porque tem menos reservas financeiras e menos capacidade de reagir rapidamente ao aumento da demanda por máscaras, medicamentos específicos, respiradores e leitos hospitalares de reanimação do que a Alemanha. Além disso, sofre mais também porque se especializou nos setores aeronáutico e turístico, setores particularmente afetados pela paralisação da produção e pelo fechamento das fronteiras. O setor aeronáutico ficou praticamente paralisado com o fechamento das fronteiras e o cancelamento dos voos intercontinentais. O turismo, fonte de divisas e empregos (hotéis, restaurantes, viagens, shows, concertos e outras atividades culturais) também foi profundamente afetado. Os turistas nacionais, que agora viajam pouco para o exterior, não compensam a falta de turistas estrangeiros. Esses dois setores podem levar a crise econômica a abismos que a França não esteve desde a Segunda Guerra Mundial. A queda nas exportações, a incapacidade de produzir medicamentos, testes e respiradores pressionaram por mais importações e levaram a uma queda do PIB. A Alemanha, entretanto, por ter um tecido industrial mais sólido e bem menos afetado pelo processo de desindustrialização vivido pelos demais países europeus, teve mais capacidade de responder por meio de sua produção nacional aos aumentos das demandas específicas geradas pela pandemia, com exceção, porém, de certos medicamentos. A queda acentuada nas exportações industriais está certamente causando uma queda no seu crescimento, porém menor do que no da França. Isso graças tanto à sua maior capacidade de recuperação, como à sua maior capacidade financeira para conduzir políticas de assistência empresarial, direta ou indiretamente, por meio de empréstimos garantidos pelo Estado.

2. Por que insistir em "clusters"?

Porque sublinham a responsabilidade particular dos governos na propagação da pandemia quando praticam uma política de negação e se recusam a tomar medidas para proteger a sua população. Mais precisamente, a sua responsabilidade, sem ser a única, é grande no aparecimento destes "clusters", quando se opõem a política de distanciamento social, uso de máscaras, higiene e muitas vezes medidas de contenção tomadas pelos governadores. Estudos realizados hoje em dia por demógrafos mostram-no claramente.

Poder-se-ia pensar que as regiões com uma elevada percentagem de idosos, pobres, negros, etc., estariam entre as mais afetadas. Um estudo recente do demógrafo Le Bras[136] mostra que não há correlação entre essas variáveis, tomadas uma a uma, e a percentagem de mortes quer em regiões ou em departamentos da França e para três outros países europeus analisados. As regiões e departamentos onde a percentagem de pessoas idosas é mais elevada, na França não são os mais afetados em termos de mortes. O mesmo é válido para as outras variáveis. Estes resultados parecem ir contra as vulnerabilidades observadas.

Isto é apenas uma aparente contradição. De fato, como assinalamos no livro, o que é primeiro é o aparecimento de "clusters" dentro de alguns estados, regiões e departamentos. Pode haver uma elevada taxa de mortalidade numa cidade, num distrito, mas em todo o departamento ou região, a taxa média de mortalidade pode ser baixa, a difusão, o contágio não se produz necessariamente. Existe, portanto, uma profunda

[136] LE BRAS H. Serons-nous submergés ? épidémie, migrations, remplacement. Édition L'Aube, 2020.

heterogeneidade a nível nacional, regional e departamental. Mas quando o agrupamento se desenvolve, então os pobres, os idosos são os mais afetados e morrem mais. O contágio é seletivo nos seus efeitos mais deletérios (morte), ou seja, afeta sobretudo (mas não só) os pobres, aqueles com altas taxas de comorbidade, aqueles que vivem em condições sanitárias problemáticas (sobrepopulação por metro quadrado, acesso à água).

Insistir nos "clusters" e nas suas condições de ocorrência é importante. Em contraste, raciocinemos. Se dissermos que a pandemia está a afetar os mais pobres, etc, estamos a abrir o caminho para uma fatalidade. Não há muito a fazer porque a pobreza não pode ser erradicada da noite para o dia. Mas se mostrarmos que os "clusters" são formados primeiro e que dentro destes "clusters" são os pobres, etc. os mais afetados, então sublinhamos a responsabilidade das autoridades públicas por não terem sido capazes ou estarem dispostas a tomar medidas para conter a pandemia e o aparecimento de "clusters". Uma política de distanciamento social, de uso de máscaras, de higiene (lavar as mãos frequentemente) é de fato um baluarte eficaz contra o surgimento da pandemia. Uma política de testes e isolamento também é eficaz quando surgem os primeiros "clusters". Se não for recomendado, e pior ainda, se o governo lutar contra este tipo de medidas, então a sua responsabilidade é grande, ainda mais se se tratar do presidente de um país.

Estas políticas são difíceis de implementar devido às condições de vida dos pobres (elevada percentagem de pessoas por metro quadrado, acesso à água por vezes largamente insuficiente), à necessidade de os mais necessitados trabalharem (morrendo de fome enquanto confinados, ou morrendo enquanto trabalham, nos transportes públicos), finalmente, o uso de máscaras, para além do seu custo e da sua relativa indisponibilidade no início da pandemia, ainda depara com práticas culturais não favoráveis (na América Latina, mas também nos países avançados que não têm a mesma "história" dos países asiáticos). Mas só porque são difíceis de implementar, não significa que não deva ser feito. Agora a política defendida pelo governo federal, no Brasil, e mais particularmente pelo Presidente da República, veiculada por muitas igrejas evangélicas e militantes "bolsonoristas", tem sido a de minimizar esta pandemia, de rejeitar estas medidas preventivas, de se opor aos governadores estaduais, quando estes últimos procuraram abrandar o crescimento da pandemia.[137] Tal atitude, que não é diferente da de Trump, favoreceu a evolução dramática da pandemia. Os "clusters" desenvolveram-se muito mais facilmente do que se outra política, contrária às negações, tivesse sido posta em prática. Tal como Trump, o Presidente Bolsonaro é largamente responsável pelo derramamento de sangue. É claro que a sua responsabilidade não é a única. O número de mortes, a velocidade de propagação da pandemia, depende também do aparecimento de novas variantes do vírus, sendo todas as outras coisas iguais. O chamado vírus brasileiro, muito mais contagioso do que os anteriores, que surgiu em Manaus, tem a sua quota-parte de responsabilidade, se todo o resto se mantiver ("ceteris paribus").

Contudo, a relação política entre o fracasso da política de saúde e a credibilidade está longe de ser linear. Os mais afetados, por várias razões (influência das igrejas evangélicas, baixo nível de educação, cumplicidade, imagem profundamente negativa das elites e da sua corrupção, necessidade de acreditar e não de raciocinar) podem mais ou menos continuar a apoiar os responsáveis por estas políticas. Assim, 49,7% da população acha que Bolsonaro não tem culpa sobre número de mortes pela Covid-19 (Poder360, 22 fevereiro de 2021, segundo os dados de pesquisa de opinião da Confederação Nacional de Transporte/CNT). Segundo dados do Poder de 9 de dezembro de 2020, a política geral do governo do Presidente Bolsonaro foi aprovada por 43% dos brasileiros e desaprovada por 46%, enquanto que 11% não expressou uma opinião. Os que têm os níveis de educação mais baixos são os que mais aprovam. 40% das pessoas cujo rendimento é inferior a dois salários mínimos o aprovam, contra 47% que o desaprovam, e 46% das pessoas cujo rendimento se situa entre dois e cinco salários mínimos o aprovam, contra 47% que o desaprovam. Acima de 5 salários mínimos, a percentagem de brasileiros que aprova queda, e a queda é ainda mais pronunciada para aqueles que recebem mais de 10 salários mínimos.

---

137 Sobre as políticas estatais no Brasil, ver FRACALOSI R."A segunda onda da pandemia (mas não do distanciamento físico): Covid-19 e políticas de distanciamento social dos governos estaduais no Brasil", IPEA, Nota tecnica, n° 31, 2021.

Contudo, estes dados precisam ser qualificados, uma vez que a resposta a uma pergunta depende muitas vezes da forma como a pergunta é formulada. O Instituto Travessia, em São Paulo, revela que 61% dos brasileiros não confiam na capacidade do Presidente para gerir a crise sanitária, contra 31% que lhe concedem essa capacidade (sondagem de 16 e 17 de fevereiro de 2021, em O Valor, de 26 de fevereiro de 2021). Segundo a mesma sondagem, 50% dos brasileiros desaprovam a ação do Presidente em março de 2020, 56% em junho de 2020 e 59% em fevereiro de 2021. Para as mesmas datas, a percentagem de brasileiros que aprovam é de 28%, depois 30% e finalmente 31%, a percentagem dos que não exprimem uma opinião regride mas mantém-se a um nível elevado (22%, 9%, 10%). A confiança nos governadores de estados diminui entre estas datas, mas permanece muito mais elevada do que a do presidente. Nas mesmas datas, a percentagem de brasileiros que avaliam positivamente a política do seu governador aumentou de 58% para 55%, depois 54%, e a percentagem que desaprova foi de 32%, depois 31% e finalmente 40% com o aumento da pandemia.

Poder360 selecionou 10 frases[138]

9 de março de 2020 – "Superdimensionado" – 25 casos acumulados e 0 mortes

"Está superdimensionado o poder destruidor desse vírus. Talvez esteja sendo potencializado até por questões econômicas", disse o presidente durante viagem aos Estados Unidos.

20 de março – "Gripezinha" – 904 casos acumulados e 11 mortes

Ele disse que não seria uma "*gripezinha*" que o derrubaria depois de ter sido esfaqueado em 2018. Também usou o termo em um pronunciamento no mesmo dia.

---

138. OLIVA, Gabriela. "251 mil mortes por covid: Relembre as falas de Bolsonaro sobre a pandemia". Disponível em: https://www.poder360.com.br/1-ano-de-covid-no-brasil/251-mil-mortes-por-covid-relembre-as-falas-de-bolsonaro-sobre-a-pandemia. Acesso em: 12 de maio de 2021.

26 de março – "Brasileiro pula em esgoto e não acontece nada" – 2.915 casos acumulados e 77 mortes

O presidente Jair Bolsonaro afirmou, ao chegar à residência oficial do Palácio da Alvorada, que o brasileiro precisa ser "estudado" porque é capaz de pular "no esgoto" sem que nada aconteça com ele.

20 de abril: "Eu não sou coveiro" – 40.616 casos acumulados e 2.584 mortes

O presidente Jair Bolsonaro se negou a responder pergunta de jornalista sobre quantidade de mortos por covid-19 no Brasil: "Eu não sou coveiro", afirmou.

28 de abril: "E daí, quer que eu faça o quê? – 72.149 casos acumulados e 5.050 mortes

Bolsonaro sobre o recorde de mortes por covid da época: 5.017 o número total de óbitos provocadas pela doença naquele mês.

19 de maio – "Cloroquina" e "Tubaína" – 271.628 casos acumulados e 17.971 mortes

O presidente da República concedeu entrevista ao jornalista e blogueiro Magno Martins. Fez um trocadilho ao aconselhar que pessoas identificadas com a direita usem a cloroquina, enquanto os de esquerda devem "tomar tubaína".

2 de junho – "A gente lamenta todos os mortos, mas é o destino de todo mundo" – 555.383 casos acumulados e 31.199 mortes

Bolsonaro disse a frase após uma apoiadora pedir uma palavra de conforto para as famílias em luto.

7 de julho: "É como uma chuva, vai atingir você" – 1.668.589 casos acumulados e 66.741 mortes

Bolsonaro disse, durante entrevista que revelou ter testado positivo para covid-19, que uma grande parte da população será atingida pelo coronavírus. Ele afirmou que o vírus é como "uma chuva".

10 de novembro – "País de maricas" – 5.700.044 casos acumulados e 162.829 mortes

O presidente Jair Bolsonaro disse que o Brasil tem que deixar de ser um país de "maricas" – termo pejorativo para se referir a homossexuais.

17 de dezembro – "Se tomar vacina e virar jacaré não tenho nada a ver com isso" – 7.110.434 casos acumulados e 184.827 mortes

Na ocasião, o presidente voltou a afirmar que é contrário à vacinação obrigatória contra covid-19 e se referiu à vacina da Pfizer. Disse que o contrato da farmacêutica é claro na parte em que a empresa não se responsabiliza por possíveis efeitos colaterais causados pelo imunizante.

5 de janeiro – "O Brasil está quebrado. Eu não consigo fazer nada" – 7.810.400 casos acumulados e 230.034 mortes

No 1° dia de trabalho do presidente, em Brasília, depois do recesso de 8 dias na Baixada Santista, litoral de São Paulo, Bolsonaro afirmou que o Brasil está "*quebrado*" e que "*não consegue fazer nada*". *Também afirmou que o vírus foi "potencializado pela mídia que nós temos, pela mídia sem caráter que nós temos*", afirmou a apoiadores em frente ao Palácio da Alvorada.

22 de janeiro – "Não está comprovada cientificamente", diz Bolsonaro sobre Coronavac – 8.753.920 casos acumulados e 215.243 mortes

O presidente Jair Bolsonaro disse que "não há nada comprovado cientificamente sobre essa vacina aí", fazendo referência a Coronavac. No entanto, a afirmação de Bolsonaro não é verdadeira. A eficácia e a segurança do imunizante foram comprovadas em ensaios clínicos conduzidos no Brasil.

Apesar de estar em declínio e inferior ao dos Governadores, a confiança na capacidade do Presidente para gerir a crise sanitária mantém-se a um nível relativamente elevado, apesar do número particularmente elevado de mortes. Como acabamos de referir, outros fatores podem explicar estes dados a favor da credibilidade e apoio face ao presidente: o fatalismo ("nada pode ser feito"), a propaganda das seitas religiosas e a adesão de muitas pessoas pobres à sua ideologia ou crenças ("devemos procurar a responsabilidade pelos nossos defeitos pessoais, sendo as mortes a manifestação de uma expiação") e sobretudo, como veremos, a eficácia social e econômica da política de redistribuição de rendimentos face aos mais desfavorecidos ("auxilio emergencial").[139]

3. A pandemia não explica a crise mas precipita uma crise latente.

A pandemia não explica a crise; precipita uma crise latente devido a décadas de relativa estagnação econômica caracterizada tanto por consideráveis desigualdades de rendimento e riqueza como por novas vulnerabilidades (em relação às matérias-primas, em relação às importações em substituição de segmentos da produção nacional, para além

[139] Não tínhamos incluído a economia entre as várias causas citadas. É importante! Uma melhoria do nível de vida, ou uma redução menor do que a temida, pode levar alguns dos que rejeitaram a política de Bolsonaro a apoiá-la. Como veremos, a política de Bolsonaro conduzirá a um aumento da popularidade do governo. Mas ao fim desta política, por outro lado, conduzirá certamente a uma diminuição. Especialmente entre os mais pobres da população. Tal relação não é, contudo, determinista. Existe, entretanto, uma necessidade de nuance entre o que é e o que é sentido. O desemprego não aumentou significativamente, e a perda de rendimentos é menor do que teria sido sem estas transferências de rendimentos. Segundo a pesquisa do Instituto Travessia, 74% dos brasileiros consideravam que o seu rendimento (familiar) tinha sido afetado pela crise sanitária em junho de 2020 e, em fevereiro de 2021 era de 80%, e aqueles cujo rendimento é inferior a dois salários mínimos são ligeiramente mais numerosos em percentagem, 83%. É interessante notar que são os mais pobres que mais se opõem ao retorno dos seus filhos à escola: por um lado, têm mais medo do que outros de que os seus filhos se contaminem a si próprios e aos outros e, por outro lado, a presença de pessoas mais velhas nos lares, mais do que nas classes médias, e especialmente a diminuição da população economicamente ativa facilitada, por um lado, pelo auxílio e, por outro lado, pelo consequente nível de desemprego (a esperança de encontrar um emprego torna-se menor), permitem que estas crianças não fiquem sozinhas.

do necessário para assegurar um crescimento sustentável). Não se trata de uma crise de abastecimento produzida pelo processo de acumulação de capital. A queda na oferta é consequência de decisões políticas em prol do isolamento diante da disseminação global do vírus, ou seja, de interromper a produção, exceto a de bens essenciais à sobrevivência, como os alimentos e os produtos ligados à saúde. Portanto, não é uma crise de superacumulação que implicou numa queda da taxa de lucro e, consequentemente, em uma crise ampla.

Ela também não é uma crise de demanda, já que a maioria dos países avançados adotou medidas de auxílio salarial e de renda ("seguro-desemprego parcial") para a grande maioria das pessoas confinadas que não podiam fazer teletrabalho. Em outras palavras, a renda das famílias está longe de ter caído tanto quanto a produção, graças a essas políticas de apoio à demanda. Se houve aumento da taxa de poupança das famílias – principalmente por parte da classe média – é devido ao medo legítimo de uma explosão, no futuro próximo, do desemprego, quando o "seguro-desemprego parcial" for abolido.

Do ponto de vista da oferta, foram tomadas várias medidas. Embora clássicas, a abrangência de tais medidas vai contra a *doxa* dominante. Enumerando as medidas de apoio massivo às empresas afetadas pela suspenção de suas atividades, tem-se: adiamentos ou redução dos salários, subsídios diversos, adiamento do pagamento de diversos impostos, garantia do Estado aos empréstimos concedidos.

a. Uma queda do PIB menor do que a esperada

Não surpreendentemente, a taxa de crescimento do PIB foi negativa em 2020. Ao contrário das projeções, o declínio foi menor do que o esperado. Em 2020, foi -4,1% de acordo com as últimas estimativas (3 de março de 2020), inferior em qualquer caso ao verificado no México ou na Argentina, metade do da França. O PIB per capita está a diminuir mais do que o PIB, ou seja, -4,8%. Isto pode ser explicado pela transição demográfica (a população com idade igual ou superior a vinte anos provém de famílias maiores do que atualmente) e pelo aumento da esperança de vida. Esta é a mais pronunciada desde 1981.

O que explica esta queda é menos importante do que o esperado: a primeira causa é a decisão inesperada do governo, aprovada pelo Congresso a 30 de março de 2020, de criar um auxílio emergencial maciço e limitado no tempo para as categorias modestas e pobres de 600 reais por mês. O auxílio travou a queda do PIB e, como veremos mais tarde, promoveu uma ligeira redistribuição do rendimento em favor das categorias mais modestas da população. Esta decisão permitiu apoiar a procura, mais exatamente abrandar o seu declínio, uma vez que o consumo das famílias caiu -5,5%, enquanto que tinha aumentado ligeiramente em 2,2% em 2019. É verdade que o consumo das famílias depende sobretudo dos rendimentos recebidos – cujo declínio tem sido retardado pelo auxílio –, do crédito ao consumo e negativamente do aumento da poupança, mas de um modo geral pode considerar-se que sem este auxílio, o PIB teria caído mais acentuadamente.

O custo desta ajuda foi de 4% do PIB em 2020 e explica em grande parte o aumento do défice primário (défice antes do serviço da dívida pública). Este último atingiu -9,9% do PIB em 2020 contra -1,2% em 2019. A dívida pública bruta aumentou então de 74% do PIB em 2019 para 89% em 2020. O aumento dos preços está a acelerar. Durante o ano 2021, espera-se que a taxa de juros de base (a Selic) suba depois de ter caído nos últimos anos. E é possível uma contenção da despesa pública. A taxa de inflação, embora ainda modesta, atinge sobretudo os mais pobres e, provavelmente, uma contenção da despesa pública funcionaria como um travão a uma possível recuperação econômica, que já é muito frágil, e a uma maior concentração do rendimento a favor dos mais ricos, como veremos adiante.

A segunda causa tem sido um aumento do preço das matérias-primas e a depreciação da moeda frente ao dólar ajudou a indústria. Os preços da soja e do minério de ferro subiram acentuadamente. Os termos de troca do Brasil melhoraram, como se pode ver no gráfico a seguir:

Gráfico 2: Termos de troca, Brasil, índice

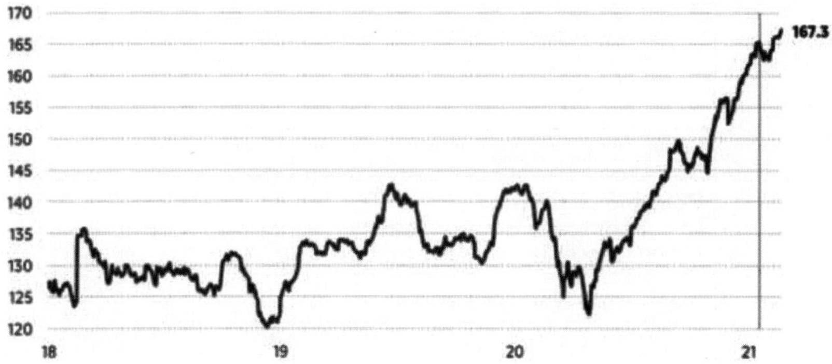

Fonte: Bloomberg e Bradesco

Em final, ao olhar para os diferentes setores da economia, os serviços sofreram mais do que a indústria.

b. as perspectivas para 2021 não são muito otimistas

A evolução do PIB em 2020 tem sido altamente cíclica. O PIB caiu acentuadamente entre o primeiro trimestre e o segundo trimestre de 2020 e recuperou com a mesma força depois, quase voltando ao seu nível anterior no final do quarto trimestre.

Quadro 1: Evolução do PIB de trimestre a trimestre, em %

16.1	16.2	16.3	16.4	17.1	17.2	17.3	17.4	18.1	18.2	18.3	18.4	19.1	19.2	19.3	19.4	20.1	20.2	20.3	20.4
-1.5	0.4	-0.6	-0.1	1.1	0.8	0.2	0.4	0.7	-0.1	0.9	-0.4	0.9	0.4	-0.1	0.4	-2.1	-9.2	7.7	3.2

Fonte: IBGE, comparação com o trimestre anterior

Quadro 2: Desempenho dos componentes do PIB em 2020, em %

Agropecuária	2
Indústria	-3.5
Serviços	-4.5
Consumo das famílias	-5.5
Consumo do governo	-4.7
Exportações de bens e serviços	-1.8
Importações de bens e serviços	-10
Formação bruta de capital fixo	-0.8

Fonte: IBGE

Este desenvolvimento em forma de V sugeria que a recuperação seria prolongada e que as perdas de 2020 seriam eliminadas até 2021, se a taxa de crescimento atingisse um pouco mais de 4%. Esta visão otimista é pouco provável que se realize no futuro imediato por várias razões: a primeira é estrutural, a economia brasileira tem registado uma tendência de estagnação econômica nos últimos quarenta anos, como temos visto. Continua a ser muito frágil. O ritmo de crescimento da recuperação enfraqueceu a partir do final de 2020 e ao longo do primeiro trimestre de 2021. Para uma retomada significativa do crescimento sustentável, teriam de ser tomadas medidas estruturais para os aspectos mais vulneráveis da economia, tais como a dependência de matérias-primas, desigualdades de rendimentos e fracos esforços na pesquisa e na educação, teriam de ser ultrapassados. As possibilidades de restaurar o baixo crescimento dependem: 1. da manutenção do auxílio emergencial, e o que está sendo discutido na altura em que se escreve este texto é a sua manutenção a um nível muito inferior ao de 2020 e para uma percentagem menor da população; 2. da continuação da tendência ascendente do preço das matérias-primas; 3. da capacidade de superar os efeitos desastrosos da pandemia, tanto em termos de mortes e doenças que gera como de despesas insuficientes com a saúde, que não tem sido capaz de frear, muito pelo contrário (ver abaixo).[140]

II. As medidas tomadas, uma surpresa

A política mais original foi sustentar a demanda através do que se chama "auxílio emergencial". O objetivo dessa medida não é apenas evitar o aumento do desemprego decorrente da suspensão das atividades, mas, também, garantir às empresas a possibilidade de reter os seus trabalhadores para poderem se recuperar no momento da retomada econômica, sem terem de recontratar trabalhadores demitidos anteriormente, pois não seria possível ter certeza da sua disponibilidade.

As somas mobilizadas são consideráveis.[141] Estavam previstos para 2020 um total de 605 mil milhões de reais, dos quais 87% foram desembolsados. Deste montante, 530 mil milhões destinam-se ao auxílio emergencial, ou seja, aproximadamente 4% do PIB, ao qual deve ser acrescentado um montante menor de ajuda para os trabalhadores formais (52 mil milhões, dos quais 32 mil milhões foram desembolsados). O auxílio, tanto o emergencial como o dos trabalhadores formais, é dirigido aos trabalhadores precários, e diz respeito principalmente àqueles que têm um estatuto informal, mas não exclusivamente, uma vez que lhes foi pago 600 reais por mês (1.200 reais para mães solteiras) durante a duração deste programa, cujo fim foi adiado para dezembro de 2020, com uma redução significativa do seu montante. Os montantes pagos são consideráveis quando comparados com aqueles atribuídos pelo programa bolsa-família. São destinados a mais pessoas. Para aqueles que estão empregados e têm o estatuto de trabalhadores formais, o auxílio

---

[140] De acordo com O Valor, de 5 de março, "Pandemia, populismo, inflação alta e um cenário externo menos favorável do que se imaginava na virada do ano vão complicar o quadro econômico nos próximos meses. Turbulência e incerteza, em um mercado financeiro internacional também volátil, vão ser a norma até que as eleições de 2022 tragam alguma ancoragem às expectativas" (Armando Castelar Pinheiro).

[141] Ver VOIR, Roubaud F; RAZAFINDRAKOTO, M. Bolsonaro et la Covid-19 au Brésil: réflexions autour d'un double paradoxe. Miméo, 2021, no prelo.

(Programa emergencial de manutenção do emprego e renda) destina-se a compensar parte da queda do rendimento devido a uma maior flexibilidade no horário de trabalho. As reduções no tempo de trabalho são, de fato, parcialmente compensadas por esta ajuda. Este auxílio é parcialmente semelhante ao praticado nos países avançados.[142]

No total, pouco mais de 60 milhões de pessoas foram beneficiadas pelo auxílio emergencial, aproximadamente um quarto da população do Brasil. De acordo com a revista Conjuntura econômica da FGV, de novembro de 2020, o seu número excede largamente o de trabalhadores formais em muitos estados brasileiros, entre os mais pobres. É, por exemplo, 4,4 vezes superior no estado do Pará ou do Piauí. As pessoas inscritas nos registos de assistência social beneficiaram automaticamente desta ajuda na condição de se retirarem do benefício destas ajudas, tais como a subvenção familiar muito menos "generosa", bem como 30 milhões de pessoas desconhecidas dos serviços do Estado. Estes "invisíveis" foram incorporados numa base declarativa.

Como já vimos, estas transferências tornaram possível limitar a queda do PIB. Tiveram também efeitos, por vezes surpreendentes, na estruturação do emprego entre trabalhadores formais e informais e nos seus rendimentos. E é isto que veremos a seguir:

---

142 O que foi feito nos países da Europa com algumas diferenças: o governo francês pagou quase todo o salário líquido de metade dos empregados do setor privado, pois o limite de 4,5 salários-mínimos adotado é muito superior ao de outros países europeus. No total, 12,4 milhões de trabalhadores franceses do setor privado foram beneficiados com esta medida. Na Alemanha foram 10,1 milhões; na Itália 8,5 milhões; na Grã-Bretanha 7,5 milhões e na Espanha 3,4 milhões. Os custos dessas medidas em termos de percentagem do PIB foram de 3,25% na França, 2,8% no Reino Unido, 2,1% na Itália, 1,5% na Alemanha e 1% na Espanha. Outros países, incluindo a Alemanha, foram, portanto, um pouco menos "generosos" tanto em termos de porcentagem dos salários líquidos pagos pelo governo a funcionários confinados (cujo trabalho via home office era impossível), quanto no valor desses salários, sendo o limite mais frequente cerca de dois salários-mínimos.

Algumas comparações internacionais

Em quase todos os países, realizaram-se minirrevoluções em relação às lições da teoria econômica dominante para combater a pandemia, proteger o aparelho produtivo e o mundo do trabalho: aprofundaram-se os défices e procurou-se o regresso do Estado. Dois exemplos significativos: a Alemanha, considerada como a guardiã do ordo-liberalismo, com excedentes comerciais substanciais, e a França, com os seus desequilíbrios econômicos, cuja indústria vem se desintegrando há décadas.

As políticas massivas de auxílio à demanda surpreenderam, principalmente, aos que denunciavam as posturas neoliberais dos governos. Prisioneiros de sua retórica, eles não podiam imaginar que governos qualificados como neoliberais pudessem optar por políticas frouxas e ultra-keynesianas de amplo apoio à demanda e, consequentemente, aceitar que seus déficits orçamentários aumentassem. De modo que o governo francês acabasse pagando quase a metade dos salários do setor privado.

É óbvio que existem políticas neoliberais de redução de determinada assistência social, especialmente para conter o aumento de determinados gastos públicos, ou mesmo reduzi-los. Por exemplo, na área da saúde, a diminuição do número de leitos em hospitais através da adoção de critérios de mercado para administrar esse setor. Contudo, qualificar a política econômica em sua totalidade, na França, como neoliberal é um equívoco, quando sabemos que o gasto público nesse país foi estimado em 53,8% do PIB em 2019 e que todas as deduções obrigatórias (impostos e contribuições sociais) ficaram em 44,7%. Nesse caso, o uso e abuso do termo neoliberal – que não sabemos mais o que significa atualmente – permite economizar na realização de análises em benefício apenas da denúncia, porém se mostra incapaz de fornecer uma análise que permita compreender o aumento dos gastos públicos resultante do "seguro-desemprego parcial".

O "pacote de estímulo" francês, apresentado no início de setembro 2020, se destaca tanto pelo seu tamanho como pelo fato de não ser realmente um pacote de estímulo. Seu montante é considerável (100 bilhões de euros que se somam, ainda, ao aumento dos gastos públicos após o confinamento), mas é inferior ao da Alemanha. É, também, parcialmente financiado pela União Europeia (37,3 bilhões de euros). Não é um plano de estímulo no sentido estrito do termo, mas sim um plano de modernização que inclui importantes medidas ecológicas. Mais precisamente, 30 bilhões de euros serão destinados à transição ecológica, 34 bilhões para aumentar a competitividade das empresas e 36 bilhões destinados para aspectos sociais e territoriais. No que diz respeito à transição ecológica, dos 30 bilhões de euros, 11 bilhões são destinados ao transporte (4,7 bilhões para ferrovias, especialmente para transporte de mercadorias), 9 bilhões ao setor de energia (incluindo 2 bilhões para financiar o setor do hidrogênio), 7 bilhões para renovação energética de edifícios e o resto para agricultura agroecológica. No que se refere à competitividade das empresas, dos 36 bilhões, 10 bilhões correspondem à redução do imposto sobre a produção, o restante a subsídios destinados às empresas, em especial àquelas que contribuirão para uma realocação industrial.

1. Os efeitos no emprego, um paradoxo: um declínio relativo no trabalho informal (não registrado) e na população economicamente ativa

Quando comparada com a crise de 2015-2016, a crise de 2020 traz duas importantes surpresas. As duas crises que não conheceram uma recuperação significativa são, no entanto, significativas na sua magnitude (-3,8 em 2015 e -3,6% em 2016), um pouco mais de -4% em 2020. A crise de 2015-2016 não conheceu uma recuperação significativa. Já vimos isso. O de 2020 deu esperança de uma recuperação em forma de V, mas a partir do último trimestre de 2020 a recuperação começou a arrancar.

As perspectivas para 2021 não são muito favoráveis, não só devido a um ressurgimento da pandemia e do seu impacto negativo no comportamento dos investidores, mas também devido a problemas estruturais, como vimos, e ainda devido a uma política econômica inadequada, que não pensa na transformação do modelo econômico. As duas "surpresas" residem na evolução dos inativos e na informalidade.

a. De acordo com o IPEA,[143] o que caracteriza as duas crises é que em 2020 há um aumento mais significativo da população inativa do que em 2015-2016. Por outras palavras, a população economicamente ativa tem diminuído. A percentagem de empregos mantidos na população em idade ativa aumentou de 56,2% no primeiro trimestre de 2015 para 53,1% no primeiro trimestre de 2017, enquanto que no período de 5% entre o primeiro trimestre de 2020 e o terceiro trimestre de 2020, esta percentagem diminui de 53,5% para 47,1%. A população desempregada durante a crise de 2015-2016, de 4,8% a 8,5% no mesmo período, o que se traduz num aumento do desemprego. Durante a crise de 2020, a percentagem da população desempregada na população em idade ativa aumenta ligeiramente de 7,5% para 8%, ligeiramente inferior ao que era no primeiro trimestre de 2017. A grande diferença vem da percentagem de pessoas inativas: enquanto nos mesmos períodos esta percentagem é relativamente estável durante a primeira crise, cerca de 38,5%, aumenta de 39% para 44,7% em 2020, o que é considerável em tão pouco tempo. Uma parte significativa e crescente da população em idade ativa está, portanto, saindo do mercado de trabalho. O declínio da população economicamente ativa explica em parte a continuação da elevada taxa de desemprego de 14,6% no terceiro trimestre de 2020.

Ao analisar os influxos de trimestre após trimestre em 2020, verifica-se que os influxos do empregado para o desocupado estão diminuindo e os influxos do inativo para o desocupado estão também se reduzindo em 2020, ao contrário do que foi observado durante a primeira crise de referência. A tendência decrescente destes fluxos explica o aumento da percentagem de inativos.

---

143 CORSEUIL, C. H. L.; FRANCA, M., PADILHA, G.; RAMOS, L. e RUSSO, F., Comportamento do mercado de trabalho brasileiro em duas recessões: análise do período 2015-2016 e da pandemia de Covid-19, Nota técnica n. 92, IPEA, 2020.

b. Uma taxa decrescente de informalidade, uma sorpresa, por quanto tempo?

Tipicamente, uma crise econômica resulta num aumento da taxa de informalidade, em grande parte devido à demissão de trabalhadores formais e às suas dificuldades em encontrar outros trabalhos em empregos formais. A crise de 2020 não produz este tipo de movimento no sentido de uma maior informalidade, pelo menos nos primeiros meses da crise. Vimos que primeiro leva a um aumento dos inativos e à sua retirada do mercado de trabalho e, curiosamente, a uma diminuição da informalidade como se pode ver no gráfico abaixo. A informalidade caiu mais (-15,55%) do que a população empregada (-9,62). Entre o quarto trimestre de 2019 e o segundo trimestre de 2020, os empregos formais caíram -6,7% e os informais -19,1% de acordo com os dados da PNAD, ocupados por Roubaud F. e Razafindrako M. (2021), no mesmo período os inativos aumentaram 18,9%.

As dispensas de trabalhadores formais não conduziu nem a um aumento da taxa de desemprego, que estava a um nível elevado antes desta crise (calculado em relação à população economicamente ativa, excluindo os inativos), nem a um aumento da informalidade, com alguns deles a ficarem inativos (ver o gráfico abaixo)

Os informais também desistem em parte de procurar trabalho e retiram-se do mercado de trabalho. Este movimento aparentemente curioso pode ser explicado tanto pelas fracas perspectivas de encontrar um emprego dada a escala da crise e as suas particularidades, como em parte também pelo pagamento do auxílio emergencial, que é sentido como uma forma de resistir à medida que a crise passa e as perspectivas de emprego melhoram. A melhoria das perspectivas no terceiro trimestre de 2020 explica então o aumento do emprego informal, que é ligeiramente mais rápido do que o da população empregada. A desaceleração econômica no quarto trimestre de 2020, e no primeiro trimestre de 2021, poderá inverter novamente esta tendência. Esta probabilidade é baixa, pois a decisão de relançar o auxílio emergencial, tomada em março de 2021, envolve quantidades muito menores do que as decididas em 2020.

Gráfico 3: variação trimestrial da população trabalhando informalidade (2013 – 2020), em %

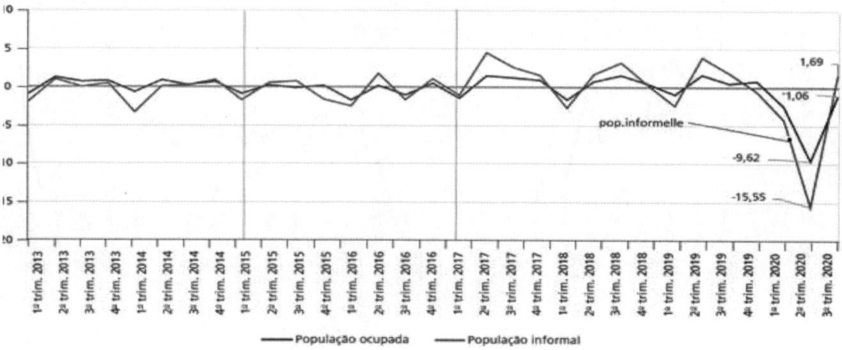

Fonte: PNAD continua/IBGE, in IPEA nota técnica n. 92

(1). trabalhadores sem carteira e conta própria sem previdência

2. Os efeitos sobre as rendas, tambem uma surpresa?

A evolução das rendas durante a pandemia também surge como uma surpresa. A priori, o rendimento médio progride de acordo com os dados contínuos da PNAD e do IBGE indicados no blog do IBRE de 10.02.2021, o que é surpreendente.

Gráfico 4: Variação interanual real da renda habitual média

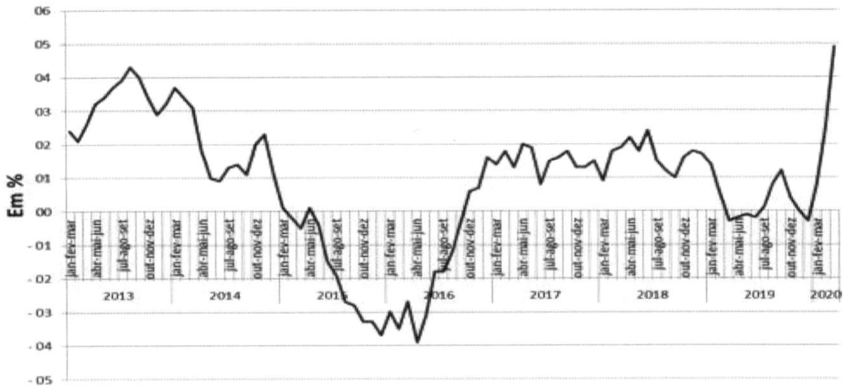

Fonte: PNADC-IBGE

Um olhar mais atento revela que isto é, em parte, uma ilusão estatística. Este é o chamado rendimento médio habitual, ou seja, todos os rendimentos que os chamados trabalhadores assalariados, formais ou informais, normalmente recebem. O rendimento real é o que ele ou ela recebe de fato no período de referência. Em geral, as curvas de rendimentos habituais e reais são próximas umas das outras. Caem em tempos de crise e pré-crise. O rendimento médio habitual ou real é reduzido. É certo que se trata de uma média e sabemos que a dispersão aumenta em tempos de crise, sendo os mais afetados mais frequentemente os mais vulneráveis e com os rendimentos mais baixos. Mas em média as duas curvas caem juntas (exceto em três trimestres, desde o segundo trimestre de 2015 até ao primeiro trimestre de 2016, o rendimento real cresce novamente e depois cai acentuadamente. Ver gráfico abaixo). Este declínio começa em 2014, um período de acentuado abrandamento econômico que anuncia a crise de 2015. A partir do segundo trimestre de 2016, ambas as curvas têm uma curva ascendente. No entanto, durante a crise de 2020, a evolução entre as duas curvas é divergente, o rendimento médio habitual aumenta, o rendimento médio efetivo diminui e aumenta novamente a partir do segundo trimestre de 2020.[144] Como é que isto pode ser explicado?

O aumento do rendimento médio habitual deve-se principalmente à retirada do mercado de trabalho, principalmente dos trabalhadores informais menos qualificados e com menores rendimentos, de acordo com o IPEA. Nem todos aqueles que continuam a trabalhar, quer formal ou informalmente, experimentam um aumento dos seus rendimentos habituais. De acordo com a análise de Horn C.H. e Rolla Donoso V.,[145] os trabalhadores domésticos formais e informais sofrem uma redução nos seus rendimentos habituais entre julho de 2019 e setembro de 2020.[146] Por setor, os trabalhadores da construção, transportes, alimentação e principalmente serviços, sofrem uma queda mais ou menos significativa no seu rendimento habitual entre junho de 2020 e setembro de 2020. Finalmente, o estudo mostra sobretudo que quanto menor o nível de rendimento, menor o aumento e, como vimos, este aumento é de fato uma perda. Os rendimentos habitualmente elevados aumentam mais do que os rendimentos habitualmente baixos, o que confirma o que geralmente se observa: a dispersão dos rendimentos aumenta durante uma crise; a desigualdade aumenta em detrimento dos mais vulneráveis.

Estas observações não retiram, contudo, nada à nossa pergunta sobre a razão pela qual, em média, os rendimentos normais aumentam durante alguns trimestres quando, logicamente, deveriam ter caído. Este aumento é explicado pelo aumento considerável do número de

---

[144] Para uma análise detalhada, ver CARVALHO S. "Os efeitos da pandemia sobre os rendimentos do trabalho e o impacto do auxílio emergencial: o que dizem os microdados da PNAD Covid-19", Carta de conjuntura, n. 48, 2020.

[145] HORN, Carlos Henrique; DONOSO, Virginia Rolla. "Os rendimentos do trabalho durante a pandemia", Democracia e mundo do trabalho, 2021. Disponível em: https://www.dmtemdebate.com.br/os-rendimentos-do-trabalho-durante-a-pandemia/. Acesso em: 18 de maio de 2021.

[146] HORN, Carlos Henrique; DONOSO, Virginia Rolla. "Os rendimentos do trabalho durante a pandemia", Democracia e mundo do trabalho, 2021. Disponível em: https://www.dmtemdebate.com.br/os-rendimentos-do-trabalho-durante-a-pandemia/. Acesso em: 18 de maio de 2021.

pessoas inativas. É portanto uma ilusão estatística na medida em que pode ser explicada pelo desânimo de encontrar um emprego e pela possibilidade de sobreviver do auxílio durante algum tempo.

A diminuição dos rendimentos reais explica-se, por um lado, para os trabalhadores informais por conta própria, pela dificuldade crescente de manter a sua rotatividade devido à crise econômica e, por outro lado, para os trabalhadores assalariados e trabalhadores informais pela possibilidade oferecida aos empregadores de reduzir o número de horas trabalhadas através do chamado programa de manutenção de emprego e renda, sendo as horas perdidas parcialmente compensadas pelo auxílio. O estudo de Roubaud F. e Razafindrakoto, mostra a importância do auxílio para os ganhos reais dos trabalhadores formais e informais, mas também para todos os trabalhadores, quer tenham ou não perdido os seus empregos. Para aqueles que mantiveram um emprego, a queda no seu rendimento médio efetivo teria sido -8% (formal) e -18,4% (informal), com o auxílio a queda é de -1,6% para os trabalhadores formais e torna-se um aumento para os trabalhadores informais de +5,4% entre o início da crise e julho de 2020. Se acrescentarmos aqueles que perderam os seus empregos, a queda no rendimento médio teria sido dramática: -14,1% para os trabalhadores formais e -34% para os trabalhadores informais. Com o auxílio estas quedas são fortemente reduzidas, -7,6% para os trabalhadores formais e -9,5% para os trabalhadores informais.

Quadro 3: Evolução da renda média do trabalho com ou sem o auxílio emergencial

Emprego	**Aqueles que têm um emprego**		**Todos (incluindo aqueles que perderam os seus empregos**	
	Sem auxílio	Com auxílio	Sem auxílio	Com auxílio
Formal	-8%	-1.6%	-14.1%	-7.6%
Informal	-18.4%	+5.4%	-34%	-9.5%
Total	-10.5%	+0.2%	-19.3%	-8.1%

Fonte: PNAD-Covid 2020

Esta crise tem a particularidade de reduzir as desigualdades entre trabalhadores formais e informais para aqueles trabalhadores que permanecem no emprego, pelo menos durante alguns meses, graças aos efeitos do auxílio. Não é este o caso se acrescentarmos os trabalhadores que perderam os seus empregos. Por outro lado, este poderia ser o caso se acrescentarmos aqueles que estavam trabalhando antes, e que, com a crise, se retiraram do mercado de trabalho.

Isso é obviamente positivo, mas com uma diferença: não é tão mau como poderia ter sido. O declínio dos rendimentos reais do trabalho foi travado, assim como o declínio da procura doméstica. No entanto, é significativa (-5,5% em média em 2020 e explica 60% da evolução do PIB). Esta queda contida permitiu que o PIB queda menos do que teria acontecido se não tivesse existido auxílio. A redução das desigualdades durante este curto período foi alcançada de baixo para cima, através de uma redução diferenciada dos rendimentos reais.

Durante alguns meses houve uma diminuição na concentração dos rendimentos do trabalho, o que é positivo. Mas o que é negativo é que foi feito a partir de baixo: teria sido melhor se todos os rendimentos tivessem aumentado de forma diferenciada, mais para os baixos rendimentos e menos pelos outros.

Conclusão

Com a pandemia, um novo período está se abrindo. Não será mais possível reatar com o passado como se nada tivesse acontecido. Porém, no futuro imediato, existe um grande risco de retorno às velhas políticas econômicas, com exceção, no entanto, de algumas medidas destinadas à realocação industrial estratégica. A pandemia derrubou dogmas econômicos. É provável, todavia, que eles voltarão à vida após esse parêntese intervencionista ultra-keynesiano. Uma vez que o crescimento tenha sido retomado, será necessário começar a pagar os enormes empréstimos feitos durante a pandemia, mesmo que alguns deles estejam destinados a "desaparecerem" de uma forma ou de outra. Mas na verdade será mais difícil para os países latino-americanos do que para os países avançados por uma simples razão, os primeiros têm moedas fracas, os outros têm moedas chave como o dólar ou o euro.

É provável que alguns setores industriais passem por processos de realocação, que outros tenham um crescimento significativo (especialmente aqueles centrados na tecnologia digital) e que, finalmente, as empresas especializadas em turismo e transporte aéreo tenham maiores dificuldades e precisem se reestruturar para sobreviver. Isso, provavelmente, levará os governos no futuro a estender o financiamento destinado ao seguro-desemprego parcial ou a liberar recursos para garantir uma renda mínima básica mais substancial do que a já existente. Todas essas reestruturações são realizadas a um custo social, que é tanto mais importante quanto mais ampla é a crise econômica, mais ainda quando tal crise não é nem de oferta nem de demanda.

Do ponto de vista social, é provável que seja pior. A aplicação de medidas sanitárias dificulta as trocas diretas entre as pessoas e são as trocas que fazem a sociedade. A vida diária mudou. O controle é realmente justificável pelo desejo legítimo de conter o contágio, porém, de fato, as liberdades individuais podem estar em perigo.

O mundo a partir de agora será pior do que era? Provavelmente, pelo menos no curto prazo. Mas, como enfatizamos no início, é fundamental não confundir o que vemos com as forças subterrâneas em ação. A crise provocada pela pandemia produziu uma ruptura cujos efeitos se revelarão a médio e longo prazo; com a condição, porém, de que as mobilizações sociais, climáticas e políticas alimentem a chama da recusa a recomeçar como se nada tivesse acontecido.

É também possível que, com uma mudança de presidência e a chegada de Lula ao jogo político, tanto as perspectivas sociais como econômicas sejam diferentes. Do ponto de vista social e do ponto de vista econômico, o futuro pode ser diferente com uma nova presidência, desde que o governo tenha aprendido com os erros do passado, e procure estimular tanto uma reindustrialização como um esforço substancial na investigação.

15 de Março 2021

REFERÊNCIAS BIBLIOGRÁFICAS

AFONSO, José Roberto. Imposto de renda e distribuição de renda e riqueza: as estatísticas fiscais e um debate premente no Brasil. ano I, n. 1. Brasília: *Revista de Estudos Tributários e Aduaneiros*, 2014.

AFONSO, José Roberto. "Imposto de renda e distribuição de renda e riqueza: as estatísticas fiscais e um debate premente no Brasil". *Revista de Estudos Tributários e Aduaneiros*, ano I, n. 1, Brasília, 2014.

AGAMBEN Giorgio. *Homo Sacer, le pouvoir souverain et la vie nue*. Tome 2 L'Etat d'exception: Seuil, 2003.

AKKERMAN, Age; TEUNISSEN, Jan Joost. *Diversity in Development. Reconsidering the Washington Consensus*. Fondad: La Haye, 2004.

ALBRIEU, Ramiro; CARCIOFI, Ricardo; KATZ, Sebastián; MACHINEA, José Luis; NOGUEIRA, Roberto Martínez; PINEIRO, Martín; ROZEMBERG, Ricardo; ROZENWURCEL, Guillermo. *Argentina: una estrategia de desarrollo para el siglo XXI*, Turmalina, 2015.

ALGAN, Yann; BEASLEY, Elizabeth; COHEN, Daniel; FOUCAULT, Martial. *Les origines du populisme*. Seuil, 2019.

AVILA DE CASTRO, Fábio; MEDEIROS, Marcelo. "O topo da distribuçao de renda no Brasil: primeiras estimativas com dados tributários e comparação com pesquisas domiciliares, 2006-2012", *Researchgate*, 2018. Disponível em: https://www.researchgate.net/scientific-contributions/2048422792_Marcelo_Medeiros, 7-36. Acesso em: 12 de maio de 2021.

AUBRÉE, Marion; LAPLANTINE, François. *La Table, le Livre et les Esprits, Naissance,* évolution *et actualité sociale spirite en France et au Brésil*. JC Lattès, 1992.

AUBRÉE, Marion. "Intronizaçao de um Trump tropical". *Revista Confins,* n. 501, 2019.

BÁRCENA, Alice. "Coyuntura, escenarios y proyecciones hasta 2030 ante la presente crisis de Covid -19". *CEPAL,* 2020.

BARRANCO, Bernardo; BLANCARTE, Roberto. *AMLO y la religion, el Estado laico bajo amenaza*. Grijalbo, 2019.

BÉNÉTRIX, Agustín S.; O'ROURKE, Kevin H.; WILLIAMSON, Jeffrey G. "The Spread of Manufacturing to the Poor Periphery 1870-2007". *National Bureau of Economic Research*, 2012.

BIRDSALL, Nancy; LUSTIG, Nora; MEYER, Christian. "The Strugglers: The New Poor in Latin America?". *World Development*. vol. 60, 2014.

BIRNBAUM, Jean. *Un silence si religieux, la gauche face au djihadisme*. Seuil, 2016

BONILLA, Juan José Ramírez. *Mexique* – États-Unis, *d'une relation bilatérale asymétrique* à *une triangulation productive avec l'Asie pacifique*. Revue Recherches Internationales, n. 110, 2017.

BRESSER-PEREIRA, Luiz Carlos. "Secular stagnation, low growth and financial instability". *International Journal of Political Economy,* 2019.

BUCHARDT, H.; DOMÍNGUEZ, R.; LARREA C.; PETERS, S. *Nada dura para siempre:* Neo-extrativismo tras el boom de las materas primas. Allemania: ICDD, Ecuador: Universidad Andina Simon Bolivar, 2016.

CASTILLO, Javier Calderón. "Iglesias evangelicas y el poder conservador en Latinoamerica", *Celag*. Disponível em: www.celag.org/iglesias-evangelicas-poder-conservador-latinoamerica. Acesso em: 10 de maio de 2021.

CALVA, José Luis. "La economia Mexicana en su laberinto neo-liberal". *Revista El Trimestre economico*, n. 343, 2019.

CAMPOS, Rolando Cordera. *Mas alla de la crisis, el reclamo del desarrollo*. Grupo Nuevo curso de desarrollo, 2015.

CARBONNIER, Gilles; CAMPODÓNICO, Humberto; VÁZQUEZ, Sérgio Tezanos. *Alternative pathways to sustainable development: lessons from Latin America*. Brill/Nijhoff, 2017.

CARTIER-BRESSON, Jean. *Economie politique de la corruption et de la gouvernance*. L'Harmattan, 2008.

CASSINI Lorenzo; ZANOTTI, Gustavo García; SCHORR, Martín. "Estrategias de financiarización en las producciones primarias de la Argentina durante los gobiernos del kirchnerismo (2003-2015)". *Revista Cyclos*. n. 53, 2019.

CHAUVET, Marcelle. *Seminar Business cycle measurement and dating*, 2010.

CEPAL. Latin American Economic Outlook (2016), *Towards a New Partnership with China*.

CETRÁNGOLO, Oscar; GOLDSCHMIT, Ariela. "Nessidades de regulacion del sector privado en salud en America Latina", *Documentos de trabajo del IIEP–UBA*. n. 40, 2019.

CETRÁNGOLO, Oscar; GOLDSCHMIT, Ariela. *Alquimiaseconomicas*, 2020.

COATZ, Diego; SCHEINGART, Daniel Matías. "La industria argentina en el siglo XXI: entre los avatares de la coyuntura y los desafíos estructurales". *Boletín informativo Techint*. n. 353, 2016.

COATZ, Diego; DÍAZ, Fernando García; PORTA, Fernando; SCHTEINGART, Daniel. "Incentivos y trayectorias de cambio estructural". *Ensayos sobre desarrollo sostenible, la dimensión económica de la agenda 2030 en Argentina*, PNUD, 2018.

COE. "Automatisation, numérisation et emploi, tome 1: Les impacts sur le volume, les structures et la localisation de l'emploi". 2017. Disponível em: http://www.coe.gouv.fr/. Acesso em: 12 de maio de 2021.

CORREA, Mariana Finello; LEMOS, Pedro de Medeiros; FEIJO, Carmem. Financeirizacao, empresas nao financeiras e o ciclo economico recente da economia brasileira. *Economia e Sociedade*, n. 26, 2017.

DELGADO-MOLINA, Cecilia A. *La irrupcion evangelica en Mexico*. Entre las iglesias y la politica. *Nueva Sociedad*, n. 280, 2019.

DELLA PAOLOERA, Gerardo; AMOROCHO, Xavier H. Duran; MUSACCHIO, Aldo. *The Industrialization of South America revisited, Evidences from Argentina, Brazil, Chile and Colombia 1890-2010. NBER*, Working paper n. 243450, 2018.

DORNBUSCH, Rudiger; EDWARDS, Sebastian. *The macroeconomics of populism*, NBER, Report, 1992.

FERNÁNDEZ, Virginia Laura; CURADO, Marcelo Luiz. "La matriz de competitividad argentina: evolución de la inserción internacional del país ante la controversia de los recursos naturales". *Revista de la Cepal,* 2019.

FLEXOR, Georges ; DIAS DA SILVA, Robson. "La désindustrialisation, les ressources naturelles et Nouveau -Développementisme: le cas du Brésil". *Mimeo*, 2019.

FLEXOR, Georges. *Fé e classes sociais*. Mimeo, 2020.

FRENKEL, ROBERTO; RAPETTI, Martín. Fragilidad externa o desindustrialzacion: cual es la principal amenaza para America Latina en la proxima decada?. CEPAL, *Macroeconomia del desarrollo*, n. 6, 2011.

FURTADO, Cesar. *Développement et sous-développement*. PUF, 1966.

GADEA, Carlos A.; "Ernesto Laclau e a 'razão populista', *Instituto Humanitas Unisinos - IHU*", 2017. Disponível em: http://www.ihuonline.unisinos.br/artigo/6936-ernesto-laclau-e-a-razao-populista. Acesso em: 12 de maio de 2021.

GGDC (Groningen Growth and Development Centre) 2013. Maddison Historical Statistics, Maddison Project Database 2013. Disponível em: https://www.rug.nl/ggdc/historicaldevelopment/maddison/data/mpd_2013-01.xlsx. Acesso em: 19 de junho de 2019.

GRAÑA, Juan Martin. *Evolución comparada del sector industrial argentino y estadounidense, entre el rezago productivo y el deterioro salarial.* H-Industria. n. 17. 2015.

Grupo Técnico de Expertos para el diseño de un Comité para el Fechado de los Ciclos de la Economía de México (GTDCFC), 2020.

Haas R. The pandemic will accelerate history rather than reshape it, in *Foreign Affairs,* 2020.

HAUSMANN, Ricardo; HIDALGO, CESAR; BUSTOS, Sebastian Angel; COSCIA Michele. SIMOES, Alexander; YLDIRIM, Muhhamed. *The Atlas of Economic Complexity, Mapping Paths to Perspectives.* Center for International Development, Harvard University, Harvard Kennedy School, Macro Connections MIT Media Lab, 2014.

HIRSCHMAN, Albert O. *The Strategy of Economic Development.* New Haven, Yale University Press, 1958.

HIRSCHMAN, Albert O.; ROTHSCHILD, Michael. *The Changing Tolerance for Income Inequality in the Course of Economic Development.* Oxford: The Quarterly Journal of Economics. vol. 87, n. 4, 1973.

HIRSCHMAN, Albert O. *Deux siècles de rhétorique réactionnaire*. Fayard, 1991.

IBARRA, Carlos Alberto. *La paradoja del crecimiento lento de Mexico*. Revista Cepal, n. 95, 2008.

IEDI. (Instituto de Estudos para o DesenvolvimentoIndustrial). *A Complexidade das exportações brasileiras e a concorrência da China, et* n. 973, 2020.

IEDI. *O retrocesso exportador da industria*, n. 974, 2020.

Iguales – Oxfam. *Privilegios que niegan derechos, desigualidad extrema y sequestro de la democracia en Americal Latina y el Caribe*, 2018.

ÍMBER, Fernando Coronil. "El Estado magico". *Nueva Sociedad*, 2002.

KEIFMAN, Saúl. *Le rapport entre taux de change et niveau d'emploi en Argentine. Une révision de l'explication structuraliste*. Revue Tiers Monde, n. 189, 2007.

KENNEDY, Scott. *The Fat Tech Dragon, Benchmarking China's Innovation Drive*. Center for Stratégic and International Studies, 2017.

KRASILSHCHIKOV, Victor. *Brazil as the Case Study of the Middle-Level Development Trap*. Londres: Palgrave, 2020.

LA CRUZ, Cantaura. "Morts violentes, incertitudes et pénuries dans les terres d'Aragua". *Les Temps Modernes*, 2018.

LANDER, Edgardo. "El Estado magico sigue ahi. Las continuidades y rupturas en la historia del petroestado venezolano". *Nueva Sociedad*, 2018.

LINDENBOIM, Juan; SALVIA, Agustín. *Hora de balance proceso de acumulacion, Mercado de trabajo y bien estar*, Argentina, 2002-2014. Eudeba, 2015.

LÓPEZ, Caterine Brest; DÍAZ, Fernando García ; RAPETTI, Martín. *El desafio exportador de la Argentina*, documento de trabajo n. 110, CIPPEC, 2019.

LO VUOLO, Rubén M. "Argentina, nos convien esta receta economica?". *Sinpermiso*, 2016. Disponível em: https://www.sinpermiso.info/textos/argentina-nos-conviene-esta-receta-economica. Acesso em: 12 de maio de 2021.

MATHIAS, Gilberto; SALAMA, Pierre. *L'Etat surdéveloppé, des métropoles aux tiers mondes*. Paris: Maspéro - La Découverte, 1983.

MAURIZIO, Roxana; VÁSQUEZ, Gustavo. "Formal salaried employment generation and transition to formality in developing countries: the case of Latin America", I.L.O., 2019. Disponível em: https://www.ilo.org/employment/Whatwedo/Publications/working-papers/WCMS_72948/lang--en/index.htm. Acesso em: 12 de maio de 2021.

MORENO BRID J.C, Monroye-Gomez-Franco L. A., Salat I. et Sanchez-Gomez J. "La evolucion de los salarios; causa y reflejo de la desigualidad en Mexico". In: Barcera Ibarra A. *et* Cordera Campos R. (eds) *America Latina frente a la hora de la igulidad: avances, retrocessos y desafios*, Cepal – Unam, 2019.

MORGAN, Marc. Falling Inequality beneath Extrem and persistent Concentration: new evidence for Brazil Combining National Account, Survey and Fiscal Data. *WID,* Working paper, n. 12, 2017.

MANTOVANI, Emiliano Terán. "Une géographie des conflits écologiques". *In Venezuela* 1998-2018, le pays des fractures, Les Temps Modernes, n. 697, 2018.

OCDE-CEPAL. *Perspectives* économiques *de l'Amérique latine 2012*: transformation de l'Etat et développement, 2016.

OCDE. *Estudios economicos*, Mexico, 2018.

OCDE. *Economic Survey*, Brazil, 2018.

OCDE. *Estudios economicos*, Argentina, 2019.

OIT. *Panorama laboral, America latina y el Caribe,* 2019.

OLMOS, Raul. "La divina cuarta tranformacion", 2020. Disponível em: https://contralacorrupcion.mx/divina4t. Acesso em: 12 de maio de 2021.

O.I.T/I.L.O. "Panorama laboral, America latina y el Caribe", 2019. Disponível em: https://www.ilo.org/americas/publicaciones/panorama-laboral/lang--es/index.htm. Acesso em: 12 de maio de 2021.

PUTNAM, Roberto D. "E Pluribus Unum: diversity and community in the twenty-first century: the 2006 Joan Skytte Prize Lecture". *Scandinavian Political Sudies*, vol. 30, n. 2, 2007.

RIFKIN, Jeremy. *La nouvelle société du coût marginal zéro, L'internet des objets, l'émergence des communaux collaboratifs et l'éclipse du capitalisme*. Babel, 2016.

RODRIGUEZ, Octavio. *La teoria del subsesarrollo de la Cepal*. Siglo XXI, 1988.

ROMO, Hector Guillen. *De la pensée de la Cepal au néolibéralisme, du néolibéralisme au néo-structuralisme, une revue de la littérature latino-américaine*. Revue Tiers Monde, n. 140, 1994.

ROMO, Hector Guillen. *Los caminos del desarrollo del tercer mundo al mundo emergente*. Siglo XXI, 2018.

MATAMOROS-ROMERO, Guillermo Rufino. *El camino mexicano del lento crecimiento económico: una interpretación espuria de la metáfora del desarrollo como un rompecabezas de Albert O. Hirschman*, Revista Ensayo de Economia, n.54, Universidad Nacional de Colombia, 2018.

SABOIA, Ana Lucia; SABOIA, João. "Whites, Blacks, and Brown in the Labor Market in Brazil: A Study About Inequalities". *The Review of Black Political Economy*, 2009. Disponível em: https://www.researchgate.net/publication/226143548. Acesso em: 12 de maio de 2021.

SAINT-UPÉRY, Marc. *Espejismo de la crisis venezolana*. Nueva Sociedad, 2019.

SALAMA, Pierre. *O desafio das desigualidades, America latina/Asia, uma comparação instructiva*. São Paulo: Perspectiva, 2011.

SALAMA, Pierre. "¿Por qué esa incapacidad para alcanzar un crecimiento elevado y regular en América Latina?". *Foro Internacional*, vol. XLVI, n. 4, 2006.

SALAMA, Pierre. "Migrants et lutte contre les discriminations en Europe". *Strasbourg*: Éditions du Conseil de l'Europe. Banco do Nord est, 2010.

SALAMA Pierre. 2012. *Les* économies émergentes *latino-américaines, entre cigales et fourmis*. Paris: A. Colin, 2016.

SALAMA, Pierre. "Globalización comercial: desindustrialización prematura en América Latina e industrialización en Asia". *Comercio Exterior*. vol. 62, n. 6, 2012.

SALAMA, Pierre. "China-Brasil: industrializacion y 'desindustrializacion temprana'". *Cadernos de economia*. vol. 4, n. 56, 2012.

SALAMA, Pierre. "¿Se redujo la desigualdad en América Latina? Notas sobre una ilusión". *Nueva sociedad*, n. 258, 2015.

SALAMA, Pierre. "Reprimarización sin industrialización, una crisis estructural en Brasil". *Heramienta revista web*, 2016.

SALAMA, Pierre. "Is change in Globalization's Rythm an Opportunity of Latin American Emerging Countries?" *In:* CHADARAVIAN, P. *The Political Economy of Lula's Brazil*. Routledge, 2018.

SALAMA, Pierre. "Novas tecnologias, uma revoluçao em curso, os efeitos sobre o emprego e os salaries". *Revista Cadernos do Desenvolvimento*. vol. 13, n. 22, 2018.

SALAMA, Pierre. "Los 'dos pecados originales' de los gobiernos progresistas de Argentina y Brasil". *Revista de Economía Institucional*, 2018.

SALAMA, Pierre. "Argentine, Brésil, Venezuela, Populisme progressiste des années 2000, l'heure des bilans". *Revue Contretemps*, n. 38, 2018.

SALAMA, Pierre. "O Brasil em retrocesso?". *Revista Caderno do Desenvolvimento*. vol. 14, n. 24, 2019.

SALAMA, Pierre. "Argentina, para avanzar sin retroceder". *Herramienta*, n. 62, 2019.

SALAMA, Pierre. "América Latina: adiós industria, hola estancamiento". *Revista Realidad Economica*, 2020.

SALAMA, Pierre. "Notas sobre las ochos plagas latino-americanas". *Revista de ALAS,* 2020. Disponível em: http://ojs.sociologia-alas.org/index.php/CyC/article/view/155/180. Acesso em: 12 de maio de 2021.

SALUDJIAN, Alexis. "De la volatilité macro-économique à la vulnérabilité sociale: le cas du Mercosur, une critique du Régionalisme Ouvert". *Thèse Paris XIII.* L'Harmattan, 2006.

SCHTEINGART, Daniel. "El rompezadas del mercado laboral latino-americano". *Nueva sociedad*, n. 275, 2018.

SHORR, Martin; WAINER, Andres. *La financiarizacion del capital, estrategias de acumulacion de las grandes empresas en Argentina, Brasil, Francia y Estados Unidos*. Futuro Anterior, 2018.

SÉMAN, Pablo; VIOTTI, Nicolás. "Todo lo que usted quiere saber sobre los evangélicos y le contaron mal", *Revista Anfibia*, 2019. Disponível em: http://revistaanfibia.com/ensayo/todo-lo-que-quiere-saber-de-los--evangelicos-le-contaron-mal/. Acesso em: 12 de maio de 2021.

SOLIMANO, Andrés; SOTO, Raimundo. "Economic growth in Latin America in the Late of 20th Century: Evidence and interpretation". *CEPAL*, serie macro economia del desarrollo, n. 33, 2005.

STORM, S. "Demand side, secular stagnation of productivity growth". Mimeo internet, 2020.

SUMMERS, Lawrence. H. "Reflections on the 'new secular stagnation hypothesis'". *In*: *Secular stagnation: facts, causes and cures* (eds) par Coen Teuling et Baldwin R. (eds). CEPR, 2014.

SUMMERS, Lawrence H.; RACHEL, Lukasz. "On falling neutral rates, fiscal policy and the risk of secular stagnation". *Brooking papers on economic activity*, 2019.

SVAMPA, Maristella. *Debates latinoamericanos. Indianismo, desarrollo, dependencia y populismo*. Buenos Aires: Edhasa, 2016.

SVAMPA, Maristella. *Del cambio de* época *al fin de ciclo, gobiernos progresistas, extractivismo y movimientos sociales en América Latina*. Buenos Aires: Edhasa, 2017.

SVAMPA, Maristella. *Las fronteras del neo-extrativismo en America Latina*. CALAS, 2019.

TELLAECHE, José Antonio Romero. *Los límites al crecimiento de Mexico*. México: El Colegio de Mexico y la UNAM, 2014.

TELLAECHE, José Antonio Romero. "La herencia del experimento neo-liberal", *Revista El trimestre economico,* n. 345, 2020.

THÉRY, Par Hervé. "Covid-19 au Brésil: aggravation, scénarios et risques". *Institut des Amériques et i-Globes,* 2020. Disponível em: https://www.autresbresils.net/Covid-19-au-Bresil-aggravants-scenarios-et-risques. Acesso em: 12 de maio de 2021.

TRICONTINENTAL. "La cuestion evangelica, apuntes sobre el origen, la difusion en Latinoamerica y su influencia en la Ciudad de Buenos Aires", 2019. Disponível em: https://www.thetricontinental.org/es/ba-research/la-cuestion-evangelica/. Acesso em: 12 de maio de 2021.

UK Central Statistical Office. *Annual Abstract of Statistics, 1961*. L.: Her Majesty's Stationary Office, 1961.

UK Central Statistical Office. *Annual Abstract of Statistics, 1965*. L.: Her Majesty's Stationary Office, 1965.

US Bureau of the Census. *Statistical Abstract of the United States: 1956*. Washington, D.C.: US Bureau of the Census, 1956.

US Bureau of the Census. *Statistical Abstract of the United States: 1965*. Washington, D.C.: US Bureau of the Census, 1965.

UNCTAD (United Nations Conference on Trade and Development). UNCTADstat. Gross domestic product: GDP by type of expenditure, VA by kind of economic activity, total and shares, 2019.

VALLADÃO, Abreu. *Climbing the Global the Golbal Digital Ladder: Latin America's Inescapable Trial.* Working paper, OCP Policy Center, 2017.

VEGA, Carlos Alba; MATHEWS, Gordon; RIBEIRO, Gustavo Lins. *Globalization from below: The World's other Economy,* Routledge, 2012.

XIAODAN, Ding; HADZI-VASKOV, Metodij Hadzi-Vaskov. *Composition of Trade in Latin America and the Carabbean.* Working paper WP/17/42 IMFnouvelles technologies, 2017.

WEILER, Jean. *L'économie internationale depuis 1950*. Paris: PUF, 1965.

ZACHARIE, Arnaud. "Mondialisation et national-populisme, la nouvelle grand transformation". *La muette – Le bord de l'eau*, 2019.

ZETTELMEYER, Jeronimo. *Growth and Reforms in Latin America: a Survey of Facts and Arguments*. WP/06/210 FMI, 2006.

NOTAS

NOTAS

NOTAS

A Editora Contracorrente se preocupa com todos os detalhes de suas obras!
Aos curiosos, informamos que este livro foi impresso no mês de julho de
2021, em papel Pólen Soft 80g, pela Gráfica Copiart.